AF576358

Qu'est-ce que la philosophie ?

Recherche kantienne

Ouverture philosophique

Collection dirigée par Aline Caillet, Dominique Chateau, Jean-Marc Lachaud et Bruno Péquignot

Une collection d'ouvrages qui se propose d'accueillir des travaux originaux sans exclusive d'écoles ou de thématiques.

Il s'agit de favoriser la confrontation de recherches et des réflexions, qu'elles soient le fait de philosophes « professionnels » ou non. On n'y confondra donc pas la philosophie avec une discipline académique ; elle est réputée être le fait de tous ceux qu'habite la passion de penser, qu'ils soient professeurs de philosophie, spécialistes des sciences humaines, sociales ou naturelles, ou… polisseurs de verres de lunettes astronomiques.

Dernières parutions

Godefroy NOAH ONANA, *Tradition et modernité. Rupture ou continuité ?*, 2016.
Benoît BASSE, *De la peine de mort en philosophie, Quel fondement pour l'abolition ?*, 2016.
Bruno TRAVERSI, *Le corps inconscient. Et l'Ame du monde selon C.G. Jung et W. Pauli*, 2016.
Pierre-André STUCKI, *Démocratie et populisme religieux. L'homme est-il un loup pour l'homme ?*, 2016.
Ange Bergson LENDJA NGNEMZUE, *Identité et primauté d'autrui. La philosophie merleau-pontyenne de l'hospitalité*, 2016.
Mahamadé SAVADOGO, *Théorie de la création, Philosophie et créativité*, 2016.
Marc LEBIEZ, *Œdipe athée, Les hommes abandonnés des dieux*, 2016.
Philippe FLEURY, *Nicolas de Cues et Giordano Bruno, philosophes de la Renaissance*, 2016.
Christian SALOMON, *La Condition corporelle*, 2015.
Edmundo MORIM de CARVALHO, *Paradoxes et peinture I : Escher, Klee, Kandinsky, Matisse, Picasso*, 2015.
Edmundo MORIM de CARVALHO, *Paradoxes et peinture II : Monochrome, Hyperréalisme, expressionnisme abstrait et pop art*, 2015.

Pascal Gaudet

Qu'est-ce que la philosophie ?

Recherche kantienne

Du même auteur

Chez le même éditeur

L'expérience kantienne de la pensée. Réflexion et architectonique dans la Critique de la raison pure, 2001.

Phénoménologie de la réflexion dans la pensée critique de Kant, 2002.

Qu'est-ce que penser ?, 2003.

Kant et le problème du transcendantalisme, 2006.

Le problème de l'architectonique dans la philosophie critique de Kant, 2009.

L'anthropologie transcendantale de Kant, 2011.

Kant et la fondation architectonique de l'existence, 2011.

Penser la liberté et le temps avec Kant, 2014.

Penser la politique avec Kant, 2014.

Philosophie et existence, 2014.

Le problème kantien de l'éthique, 2014.

5-7, rue de l'École-Polytechnique, 75005 Paris

http://www.harmattan.fr
diffusion.harmattan@wanadoo.fr
harmattan1@wanadoo.fr

ISBN : 978-2-343-08752-8
EAN : 9782343087528

A Robert et Gisèle Gaudet

Kant a montré que la philosophie critique doit être considérée dans la perspective du jugement « réfléchissant »[1] (que l'on songe, par exemple, au paragraphe 76 de la troisième *Critique* ou à l'articulation du *Geist* et de la raison pratique dans l'*Annonce de la prochaine conclusion d'un traité de paix perpétuelle en philosophie*). Or, c'est précisément à une reprise réfléchissante du criticisme que nous entendons consacrer le présent travail. Une telle entreprise est, en effet, selon nous, de nature à mettre au jour ce qui constitue le plus originairement la « pensée » (critique). En outre, la pensée « philosophique » doit à chaque instant s'interroger sur ses principes, son orientation et ses contenus, ce qui requiert, selon notre hypothèse, l'exercice incessant du jugement réfléchissant. Ainsi, considérer la « réflexion transcendantale », comme principe du criticisme kantien[2], sur le mode du jugement réfléchissant rendrait possible une auto-réflexion transcendantale, à concevoir comme Critique de la Critique.

Si donc la philosophie critique est une « réflexion » (*Überlegung*)[3], soit un pouvoir, proprement « trans-cendantal » (au sens du « à distance (trans-) »[4]), d'« [adopter] un point de vue extérieur »[5], elle doit exiger du sujet non seulement qu'il ne « [pratique] [plus] la métaphysique traditionnelle comme si une telle pratique allait de soi »[6], mais encore qu'il la comprenne elle-même, réflexion criticiste, en sa vérité philosophique, soit comme Critique de la Critique (cf. *supra*). Ce qui pose le

[1] Kant, *Critique de la faculté de juger* (cité *CJ*), AK. (*Akademie-Ausgabe*, Berlin) V, 179, trad. A. Renaut, GF Flammarion, Paris, 2000, p. 158.
[2] Kant, *Critique de la raison pure* (cité *CRP*), AK. III, 214-215/IV, 169-170, trad. A. Renaut, GF Flammarion, Paris, 2001, p. 309-310.
[3] *Ibid.*, AK. III, 511, *o.c.*, p. 647.
[4] M. Richir, *L'expérience du penser*, Millon, Grenoble, 1996, p. 38.
[5] L. Freuler, *Kant et la métaphysique spéculative*, Vrin, Paris, 1992, p. 26.
[6] *Ibid.*

problème d'une « définition »[7] de la « philosophie » (critique). Si, en effet, la philosophie est essentiellement réfléchissante, si, en outre, *la* question de la philosophie est, comme le soutient Kant, la question : « Qu'est-ce que l'homme ? »[8], comment « dé-finir » (soit « déterminer »[9]) la philosophie et l'homme même ? Si la philosophie est « la simple Idée d'une science possible, qui n'est nulle part donnée *in concreto* »[10], l'homme ne serait-il pas lui-même *l'*Idée de la philosophie ? Ainsi, Kant pense l'homme à la fois en son « essence » et comme Idée. L'essence de l'homme est déterminée théoriquement et pratiquement, mais qu'en est-il de son existence ? Il faut, à chaque instant, « tenter de raviver les traits du visage humain »[11], mais comment « dé-terminer » ces traits, s'ils sont ceux d'un être dont l'Idée est à « réfléchir » (au sens du réfléchissant) « in-finiment » ?

---

[7] *Ibid.*, p. 25.

[8] Kant, *Logique*, AK. IX, 25, trad. L. Guillermit, Vrin, Paris, 1982, p. 25.

[9] Kant, *CJ*, AK. V, 179, *o.c.*, p. 158.

[10] Kant, *CRP*, AK. III, 542, *o.c.*, p. 677.

[11] F. Pierobon, *Kant et les mathématiques*, Vrin, Paris, 2003, p. 232.

CHAPITRE I

Position du problème

1. La situation de l'homme.

Être homme, c'est être toujours déjà pris non seulement dans la nature, dans la vie, mais encore dans les « formes » (au sens de E. Cassirer[1]) de la culture comme « institution symbolique » : l'homme est « irréductiblement [ancré], écrit M. Richir, au champ de l'institution symbolique »[2], définie comme « l'ensemble, qui a sa cohésion, des « systèmes » symboliques [...] qui « quadrillent » ou codent l'être, l'agir, les croyances et le penser des hommes, et sans que ceux-ci en aient jamais « décidé » (délibérément), ce pourquoi, précise M. Richir, nous utilisons le terme, anonyme, d'institution, nécessaire pour comprendre ce qui, par l'institution, paraît comme toujours déjà « donné » d'ailleurs »[3] (« symbolique » s'entend ici « [en] un sens dérivé [...] de Lévi-Strauss »[4]).

Or, la « question » du « rapport de mon être à l'être », « à savoir, précise P. Ricœur, que je suis dans ce qui est et que j'éprouve à la fois ma situation, que j'y ai des projets, et que, dans ce rapport de situation à projet, je déploie une certaine

[1] E. Cassirer, *La philosophie des formes symboliques*, tome I, trad. O. Hansen Løve et J. Lacoste, Minuit, Paris, 1972, p. 21-22 : « De même que la philosophie moderne du langage [...] a élaboré le concept de « forme linguistique interne », il faut supposer l'existence d'une « forme interne » propre à la religion, à l'art ou à la connaissance scientifique. Cette forme [...] doit [...] s'entendre comme [...] la loi de leur constitution ».

[2] M. Richir, *Phénoménologie et institution symbolique*, Millon, Grenoble, 1988, p. 9.

[3] M. Richir, *L'expérience du penser*, Millon, Grenoble, 1996, p. 14.

[4] M. Richir, *Phénoménologie et institution symbolique*, *o.c.*, p. 28.

lumière dans laquelle un discours est possible »[5], cette « question », disons-nous, n'est-elle pas celle même de la philosophie ? La philosophie aurait ainsi pour tâche de *penser* l'être-au-monde de l'homme. Mais que faut-il entendre au juste par « pensée » « philosophique » ?

2. L'instauration de la pensée critique.

La « pensée », au sens kantien, se définit comme incessamment inchoative, exigence d'une réflexion (*Überlegung*) fondationnelle, d'un « examen de soi-même [systématique] »[6], visant donc à chaque instant l'« autocompréhension »[7]. L'examen criticiste de ce qui « apparaît » toujours déjà (au sens de l'« apparence [*Schein*] transcendantale »[8]) comme une … « pensée » se fonde sur l'opposition entre la « disposition naturelle » à faire de la métaphysique (« *metaphysica naturalis* »)[9] et l'Idée d'une métaphysique « scientifique », c'est-à-dire d'une « pensée » (au sens propre) dont les jugements synthétiques *a priori* seraient reconnus en leur « scientificité », ce qui suppose d'« imiter » en métaphysique, « autant que le permet […] [l']analogie », la « manière de penser » « [rationnelle] » des mathématiques et de la physique[10].

---

[5] P. Ricœur, « « Philosophie et vérité » (entretien avec A. Badiou, G. Canguilhem, D. Dreyfus, J. Hyppolite, P. Ricœur), *Dossiers pédagogiques de la radio-télévision scolaire*, 27 mars 1965, pp. 1-11 », Troisième partie : (J. Hyppolite – G. Canguilhem – P. Ricœur – M. Foucault – D. Dreyfus), *in* M. Foucault, *Dits et écrits*, tome I (1954-1969), « 31 *Philosophie et vérité* », édition établie sous la direction de D. Defert et F. Ewald, Gallimard, Paris, 1994.

[6] Kant, *CRP*, AK. III, 468, *o.c.*, p. 603.

[7] Cf. R. Bubner, « L'autoréférence comme structure des arguments transcendantaux », trad. J. Masson et O. Masson, *Les Études philosophiques*, n° 4, 1981, p. 388.

[8] Kant, *CRP*, AK. III, 236/IV, 190, *o.c.*, p. 331.

[9] *Ibid.*, AK. III, 41, *o.c.*, p. 108.

[10] *Ibid.*, AK. III, 11, *o.c.*, p. 77.

Ainsi, Descartes, parce qu'il a « manqué l'orientation transcendantale », comme dit Husserl[11], ce que, en termes kantiens, nous traduisons : parce qu'il a manqué l'orientation « réflexive transcendantale » criticiste, Descartes, disons-nous, demeure, selon Kant, prisonnier de la « *metaphysica naturalis* ». Certes, sa métaphysique ne se fonde pas sur des « rêves » (*Träume*) comme ceux du « visionnaire » (*Geisterseher*)[12], c'est-à-dire sur cet « autre de la rationalité » qu'est la « *Schwärmerei* »[13], « intuition fanatique d'un délire »[14]. Cette métaphysique produit, en effet, un « travail »[15] discursif, c'est-à-dire « par concept »[16], dont Kant reconnaît le « mérite », qui tient au « critère de vérité [proposé] »[17]. Pourtant, la métaphysique cartésienne ne saurait être caractérisée comme cette « sagesse » (*Weisheit*)[18], propre à la *pensée* (philosophique), qui « [détermine] [...] la valeur de [...] [la] pratique de l'entendement et [...] ses limites »[19]. En ce sens, la métaphysique de Descartes demeure, comme celle de Leibniz et de Wolff, « dogmatique » (*dogmatische Methode*) et elle peut être jugée « gravement fautive » (*sehr fehlerhaft*)[20] : sa méthode ne préserve pas des raisonnements « dialectiques » au sens établi par Kant dans la Dialectique transcendantale de la première *Critique*.

---

11 E. Husserl, *Méditations cartésiennes*, trad. G. Peiffer et E. Lévinas, Vrin, Paris, 1953, p. 20.

12 Kant, *Rêves d'un visionnaire*, AK. II, 315, trad. F. Courtès, Vrin, Paris, 1989, p. 45.

13 M. Jalley-Crampe, « La raison et ses rêves. Kant juge de Swedenborg », *Revue des sciences humaines*, Lille III, 1979 - 4, n°176, p. 9.

14 M. David-Ménard, *La folie dans la raison pure*, Vrin, Paris, 1990, p. 20.

15 Kant, *D'un ton grand seigneur adopté naguère en philosophie*, AK. VIII, 390, trad. L. Guillermit, Vrin, Paris, 1975, p. 91.

16 Kant, *Prolégomènes à toute métaphysique future qui pourra se présenter comme science*, AK. IV, 333, trad. J. Gibelin, Vrin, Paris, 1974, p. 114.

17 Kant, *Logique*, AK. IX, 32, *o.c.*, p. 33.

18 Kant, *Rêves d'un visionnaire*, AK. II, 369, *o.c.*, p. 113.

19 Kant, *Réflexion* 4467, AK. XVII, cité par G. Lebrun, *Kant et la fin de la métaphysique*, Le Livre de Poche, Paris, 2003, p. 61.

20 Kant, *Logique*, AK. IX, 32, *o.c.*, p. 33-34.

Si donc il est vrai, comme le soutient Kant, que notre entendement ne saurait « [avoir] une intuition immédiate des choses [*Dinge*] »[21], dans le sens d'une « intuition [*Anschauung*] intellectuelle », c'est-à-dire « non sensible », du « noumène »[22], il faut alors instituer une « pensée » de l'être-au-monde de l'homme qui soit appropriée à notre finitude.

Ainsi, la méthode critique (« *die Methode des kritischen Philosophirens* »[23]) vise à « déterminer de façon complète et sûre l'étendue et les limites de [...] [la science métaphysique] »[24]. Elle « consiste à enquêter sur le procédé [*Verfahren*] de la raison elle-même, à analyser l'ensemble de la faculté humaine de connaissance et à examiner jusqu'où peuvent bien s'étendre ses limites »[25]. Cette analytique du « pouvoir » (*Vermögen*)[26] de l'esprit (*Gemüt*) s'accomplit chez Kant comme analytique « transcendantale ».

3. Le transcendantal.

Par « transcendantal », Kant entend le pouvoir qu'a l'esprit (*Gemüt*), dans le domaine théorique, de « se rapporter [...] *a priori* à des objets de l'expérience »[27], ce qui correspond, dans le domaine pratique, à la pensée des « conditions *a priori* qui rendent possible la morale » (« la liberté » étant « [définie] [...] comme la condition de possibilité *a priori* de la loi morale »)[28]. Cette recherche transcendantale « [met] en place [...] ce qui vient fonder la théorie et la pratique par la *preuve* [nous soulignons] de ce que signifient les conditions *a priori* propres à leurs

---

[21] Kant, *Prolégomènes à toute métaphysique future qui pourra se présenter comme science*, AK. IV, 316, *o.c.*, p. 91.
[22] Kant, *CRP*, AK. III, 209, *o.c.*, p. 304.
[23] Kant, *Logique*, AK. IX, 32, *o.c.*, p. 34.
[24] Kant, *CRP*, AK. III, 42, *o.c.*, p. 109.
[25] Kant, *Logique*, AK. IX, 32, *o.c.*, p. 34.
[26] Kant, *CJ*, AK. V, 197, *o.c.*, p. 177.
[27] Kant, *CRP*, AK. III, 78/IV, 51, *o.c.*, p. 147.
[28] O. Höffe, *Introduction à la philosophie pratique de Kant*, Vrin, Paris, 1993, p. 152 et p. 151.

domaines »[29]. Il y va donc ici de l'entreprise de « déduction », dans laquelle s'inscrit « nécessairement » (cf. *infra* ce I) la pensée du « champ transcendantal à l'intérieur duquel et sur la base duquel il faut concevoir le discours *sensé* [nous soulignons] sur la Nature »[30], mais aussi sur la liberté, ainsi que sur la « réflexion » (au sens de la troisième *Critique*) qui expérimente le passage de la liberté à la nature.

Ainsi, l'analyse transcendantale « s'effectue selon la légalité formelle et universelle qui répond aux exigences fondationnelles propres à l'esprit humain [...] [, aux] requêtes pures qui lui sont immanentes »[31]. De sorte que rejeter les « conditions rationnelles du discours » sur la nature et la liberté, ce serait « entrer en contradiction avec [soi]-même »[32] et s'interdire ainsi de *penser* (l'homme) (que l'on songe à la troisième maxime du sens commun : « Toujours penser en accord avec soi-même »[33]). Kant, dans l'analyse transcendantale (qu'elle s'inscrive dans la perspective d'une philosophie théorique, ou dans celle d'une « éthique transcendantale »[34], ou qu'il s'agisse de la « perspective transcendantale » dans la troisième *Critique*[35]), « [ferait] » donc « appel à l'auto-compréhension des sujets connaissants »[36], des sujets de « l'action à valeur objective, à savoir de l'action morale »[37], des sujets capables de « sentiments » au sens de la « réflexion » esthétique de la troisième *Critique*. C'est-à-dire que Kant « [mettrait] en

---

[29] R. Eisler, *Kant-Lexikon*, édition établie et traduction par A.-D. Balmès et P. Osmo, Gallimard, Paris, 1994, p. 1040.

[30] R. Theis, « L'argument kantien dans la déduction transcendantale », *Revue philosophique de Louvain*, volume 81, numéro 50, 1983, p. 209.

[31] S. Goyard-Fabre, *La philosophie du droit de Kant*, Vrin, Paris, 1996, p. 12.

[32] J. Grondin, *Kant et le problème de la philosophie : l'a priori*, Vrin, Paris, 1989, p. 63.

[33] Kant, *CJ*, AK. V, 294, *o.c.*, p. 279.

[34] Au sens précisé par O. Höffe, cf. *Introduction à la philosophie pratique de Kant*, *o.c.*, p. 151.

[35] Kant, *CJ*, AK. V, 170, *o.c.*, p. 148.

[36] J. Grondin, *Kant et le problème de la philosophie : l'a priori*, *o.c.*, p. 63.

[37] O. Höffe, *Introduction à la philosophie pratique de Kant*, *o.c.*, p. 151.

demeure » « chacun d'entre nous [...] d'expliquer autrement (que par le recours à l'*a priori* [...] [transcendantal au sens du criticisme]) la possibilité de l'expérience »[38], ainsi que celles de la moralité et de la « réflexion » (au sens de la troisième *Critique*). Si donc « l'argumentation transcendantale » est « autoréférente »[39] (ce que R. Bubner entend dans le sens où elle est « [conditionnée] »[40] par les « formes mêmes de la connaissance »[41] qu'elle met au jour en son analytique), cela signifie, selon ce qui précède, que les conditions transcendantales de l'architectonique sont les conditions de toute compréhension possible de soi-même (*autos*).

Mais il est possible de concevoir le transcendantal en un sens plus large. Si, en effet, comme nous en formons l'hypothèse, l'architectonique est la manière proprement humaine non seulement de penser (l'existence), mais d'exister, les conditions transcendantales du discours critique peuvent être pensées comme les structures les plus originaires de l'existence. En ce sens, si l'on remonte de la représentation de la méthode transcendantale (ou du transcendantal comme méthode) à l'effectivité de la pensée qui rend possible cette représentation, on peut reconnaître dans la transcendantalité une « condition logique de possibilité de la pensée »[42], mais à entendre comme dimension (non pas suprasensible – cf. *infra* ce I –, mais non sensible) de l'« être » de l'esprit (*Gemüt*).

Ainsi, la transcendantalité de la raison est pensée par Heidegger comme « possibilité pour un être [*Wesen*] fini [...] de s'ob-jeter, en général, quelque étant [...] », la « transcendance » devant s'entendre comme la fonction

---

[38] J. Grondin, *Kant et le problème de la philosophie : l'a priori*, *o.c.*, p. 63.

[39] *Ibid.*

[40] C. Piché, *Kant et ses épigones*, Vrin, Paris, 1995, p. 107.

[41] R. Bubner, « Zur Struktur eines transzendentalen Arguments », *in* G. Funke (sous la direction de), *Akten des 4. Internationalen Kant-Kongresses*, de Gruyter, Berlin – New York, 1974, p. 25, cité par C. Piché, *Kant et ses épigones*, *o.c.*, p. 108.

[42] J. Rivelaygue, *Leçons de métaphysique allemande*, tome II, Grasset, Paris, 1992, p. 197.

transcendantale, c'est-à-dire comme constitution de l'« horizon d'ob-jectivation »[43] (la fonction schématisante est reconnue comme « [production] », c'est-à-dire « faculté de présentation originaire » (« *exhibitio originaria* »), des « intuitions pures de l'espace et du temps »[44], soit de la « vue (« l'image ») de l'horizon de la transcendance »[45]). Cela signifie que l'imagination transcendantale, en produisant (au sens qui vient d'être précisé) l'« image pure » (*reine Bild*) – cf. *infra* II *in fine* – du temps (et de l'espace)[46], « [s'ouvre] à l'Etre », c'est-à-dire à « un horizon – l'être de l'étant – dans lequel l'étant pourra apparaître », l'*a priori*, comme « précompréhension de l'étant »[47], étant reconnu par Heidegger comme l'« objectité », soit comme « l'être (*Sein*), au sens kantien, de l'étant connaissable par expérience », « objectité de l'objet » qui « [dépasse] […] l'objet » dans le sens de « l'entrée dans le domaine des principes fondateurs, dans la subjectivité de la Raison »[48]. Dans cette perspective, « les structures catégoriales font partie des structures du temps (comme manifestation de l'être) » ; elles « ne peuvent avoir de sens que dans le temps »[49].

Quant à la transcendance pratique, elle est saisie par Heidegger comme « « réceptivité » [*Empfänglichkeit*] à l'égard de la loi morale »[50], comme cette « orientation originelle »[51] qui « nous rend capable de recevoir cette loi comme une loi morale »[52]. Nous ne reviendrons pas ici sur le problème posé par

---

[43] Heidegger, *Kant et le problème de la métaphysique*, trad. A. de Waelhens et W. Biemel, Gallimard, Paris, 1953, p. 129 et p. 148.

[44] Kant, *Anthropologie du point de vue pragmatique*, AK. VII, 167, trad. M. Foucault, Vrin, Paris, 2008, p. 123.

[45] Heidegger, *Kant et le problème de la métaphysique*, *o.c.*, p. 149-150.

[46] Kant, *CRP*, AK. III, 137/IV, 102, *o.c.*, p. 227.

[47] J. Rivelaygue, *Leçons de métaphysique allemande*, tome II, *o.c.*, p. 385-386.

[48] Heidegger, *Le principe de raison*, trad. A. Préau, Gallimard, Paris, 1962, p. 176 et p. 177.

[49] J. Rivelaygue, *Leçons de métaphysique allemande*, tome II, *o.c.*, p. 183.

[50] Heidegger, *Kant et le problème de la métaphysique*, *o.c.*, p. 214.

[51] *Ibid.*, p. 129.

[52] *Ibid.*, p. 214.

l'interprétation heideggerienne[53]. Soulignons, toutefois, que la transcendantalité pratique se manifeste, comme la transcendantalité théorique, dans un schématisme, qui, certes, n'est pas le schématisme de l'entendement pur, mais un schématisme qui relève de ce que Kant pense comme « schématisme de l'analogie ». Il s'agit de penser l'« [ouverture] » (cf. *supra* ce I, 3) de l'homme, comme être libre et sensible, à la (conscience de la) loi morale, ce qui suppose le passage à une certaine forme de « sensible » (« sensibilité » purement rationnelle, entendue comme le sentiment transcendantal du respect[54]), ainsi que le passage de la liberté (morale) au temps (de la conscience, soit de la représentation, de la loi morale), l'Idée morale, comprise comme l'Idée du souverain Bien (dérivé), étant, de surcroît, indissociable, chez Kant, de celle de la réalisation (temporalisation) de la loi morale dans le monde[55].

Or, que le transcendantal soit reconnu comme le « temps » même de l'effectivité de l'esprit (*Gemüt*) – « temps » à concevoir comme « liberté » au sens du « à distance (trans-) »[56] du « trans-cendantalisme » (comme nous l'avons proposé ailleurs[57]) – ou comme hors du temps, la recherche transcendantale de Kant, en tant que « rationnelle » (cf. *supra* ce I, 3), est marquée du sceau de la « nécessité ». Il s'agit, en effet, de « remonter du donné aux conditions sous lesquelles *seules* il est possible », soit de « [remonter] du donné à la *seule* explication possible

---

[53] Cf. notre ouvrage *Penser la liberté et le temps avec Kant. La fondation morale de l'existence*, L'Harmattan, Paris, 2014, p. 87-89.

[54] F. Marty définit le « respect » comme « cette transfiguration de la sensibilité qui se produit quand un être libre est aussi un être sensible », « Raison pure, raison affectée », *Épokhè* 2, Millon, Grenoble, 1991, p. 21.

[55] Cf. nos ouvrages *Penser la liberté et le temps avec Kant. La fondation morale de l'existence*, *o.c.*, p. 77-86, et *Le problème kantien de l'éthique. Habiter le monde*, L'Harmattan, Paris, 2014, p. 37-49.

[56] M. Richir, *L'expérience du penser*, *o.c.*, p. 38.

[57] Cf. notre ouvrage *Penser la liberté et le temps avec Kant. La fondation morale de l'existence*, *o.c.*

[cf. *supra* ce I, 3] », explication qui est donc, en ce sens, « bel et bien *nécessaire* »[58].

La « structure autoréférentielle » du discours transcendantal, soit l'autoréférence de l'argumentation transcendantale au sens de R. Bubner (cf. *supra* ce I, 3), signifie la « référence » de ce discours à l'« être » transcendantal de l'*autos*, à entendre comme (fondation de) l'« objectité » au sens heideggerien, laquelle « fournit à l'objet la raison de sa possibilité »[59], l'« être » transcendantal n'étant autre que l'*a priori* comme « cela qui appartient à la subjectivité du sujet »[60]. Précisons que la dimension transcendantale de l'« être » du « sujet » n'est pas coextensive à sa dimension nouménale. Toutefois, l'essence transcendantale de l'esprit (*Gemüt*) laisse transparaître en quelque manière son essence nouménale (laquelle ne saurait être l'objet d'une « détermination métaphysique », étant impossible d'« [entrer] dans le champ des noumènes »[61]) : que « l'espace et le temps [soient] les deux seules formes de l'intuition », que « le sujet transcendantal s'exprime seulement au travers de douze catégories », ce sont là des « faits qui ne [peuvent] trouver leur fondement que dans une réalité inconnue supposée à la source de [...] [l']intuition et [de l']entendement »[62]. Par ailleurs, l'effectivité transcendantale de l'esprit (*Gemüt*) est pensée, sur le mode du jugement « réfléchissant »[63], comme fondée dans l'Idée d'un « pouvoir suprasensible en nous »[64], d'un « substrat suprasensible » des « pouvoirs » du « sujet »[65].

---

[58] R. Verneaux, « La notion kantienne d'analyse transcendantale », *Revue philosophique de Louvain*, volume 50, numéro 27, 1952, p. 407.

[59] Heidegger, *Le principe de raison*, *o.c.*, p. 179.

[60] Heidegger, *Qu'est-ce qu'une chose ?*, trad. J. Reboul et J. Taminiaux, Gallimard, Paris, 1992, p. 176.

[61] Kant, *CRP*, AK. III, 268, *o.c.*, p. 404.

[62] J. Rivelaygue, *Leçons de métaphysique allemande*, tome II, *o.c.*, p. 197.

[63] Kant, *CJ*, AK. V, 179, *o.c.*, p. 158.

[64] *Ibid.*, AK. V, 275, *o.c.*, p. 259.

[65] *Ibid.*, AK. V, 344, *o.c.*, p. 332.

4. Le problème de la vérité.

Kant se réfère constamment à la « nature »[66] de l'esprit (*Gemüt*), de la raison (A. Renaut parle, en ce sens, de la « loi interne du fonctionnement de la raison »[67]). Pour Kant, l'Idée est un « concept rationnel »[68], un « concept nécessaire de la raison », c'est-à-dire qui n'est pas « arbitrairement [forgé] », mais qui « nous [est] [fourni] par la nature même de la raison »[69]. Ainsi, l'*a priori* est pensé comme ce qui constitue l'essence immuable de l'esprit (*Gemüt*), du moins en tant que l'esprit est saisi dans la dimension transcendantale (cf. *supra* ce I, 3) de son être. Mais comment prouver la « vérité » de l'*a priori* transcendantal criticiste ?

Ni la connaissance ni l'action morale ne prouvent que la table criticiste des *a priori* théorique et pratique est l'expression adéquate de l'essence transcendantale de l'esprit (*Gemüt*).

Ainsi, la vérité scientifique ne peut pas prouver la vérité du transcendantalisme théorique au sens kantien. Cela est clair pour une épistémologie qui conteste l'*a priori* transcendantal kantien : « pour la science, dit G. Canguilhem, ce qui est, c'est ce qu'elle définit progressivement comme étant le vrai, indépendamment de tout rapport à un être supposé comme terme de référence »[70] (dès lors, la vérité scientifique ne se définit pas comme « recouvrement de l'être par son discours »[71], c'est-à-dire dans la perspective d'un « être » – qui serait chez Kant la nature saisie en sa « vérité » (cf. *infra* ce I, 4) transcendantale – auquel la science

---

[66] Cf., par exemple, *CRP*, AK. III, 427, *o.c.*, p. 560.
[67] A. Renaut, *Kant aujourd'hui*, Flammarion, Paris, 1999, p. 136.
[68] Kant, *CRP*, AK. III, 250/IV, 203-204, *o.c.*, p. 346.
[69] *Ibid.*, AK. III, 254/IV, 207, *o.c.*, p. 350.
[70] G. Canguilhem, « « Philosophie et vérité » (entretien avec A. Badiou, G. Canguilhem, D. Dreyfus, J. Hyppolite, P. Ricœur), *Dossiers pédagogiques de la radio-télévision scolaire*, 27 mars 1965, pp. 1-11 », Troisième partie : (J. Hyppolite – G. Canguilhem – P. Ricœur – M. Foucault – D. Dreyfus), *in* M. Foucault, *Dits et écrits*, tome I (1954-1969), « 31 *Philosophie et vérité* », édition établie sous la direction de D. Defert et F. Ewald, Gallimard, Paris, 1994.
[71] P. Ricœur, *ibid.*

devrait se rapporter adéquatement). Mais cela est tout aussi clair pour Kant : si la vérité scientifique se fonde dans la « vérité transcendantale » (laquelle « consiste dans la relation universelle à [...] [l']expérience [possible] », étant, précise Kant, ce qui « précède toute vérité empirique et la rend possible »)[72], elle ne peut pas prouver la « vérité » de l'*a priori* théorique, soit sa conformité à l'essence transcendantale de l'esprit (*Gemüt*) (sur la manière dont s'opère la preuve du transcendantal théorique, cf. *supra* I, 3 et *infra* ce I, 4).

De même, s'agissant du domaine pratique, l'action morale ne peut pas prouver la « vérité » (transcendantale) de l'*a priori* pratique au sens kantien, soit sa fondation dans la liberté morale du sujet, d'abord parce que l'on ne saurait être assuré qu'une seule action morale (agir « par devoir »[73]) existe dans le monde : « il est absolument impossible, écrit Kant, de donner, dans quelque expérience, un exemple conforme à [...] [l']idée [de liberté morale] »[74], c'est-à-dire qu'« aucune expérience ne peut prouver [la liberté] »[75]. Ce qu'il faut soutenir, c'est que, puisque « la liberté [...] est la condition de la loi morale »[76], seule la « loi morale [...] prouve [non] pas seulement la possibilité [de la liberté], mais [sa] réalité effective chez des êtres qui reconnaissent [...] [la] loi [morale] comme obligatoire pour eux »[77].

Kant soutient que les preuves transcendantales (donc les preuves du transcendantal) doivent « toujours » être « ostensives » (ou « directes »), c'est-à-dire « [combiner] la conviction dans la vérité [*Wahrheit*] et la vision des sources [*Einsicht in die Quellen*] de celle-ci »[78]. Mais il soutient également que « la raison pure [...] ne contient pas, dans son

[72] Kant, *CRP*, AK. III, 139/IV, 104, *o.c.*, p. 229.

[73] Kant, *Critique de la raison pratique* (cité *CRPr*), AK. V, 81, trad. J.-P. Fussler, GF Flammarion, Paris, 2003, p. 192.

[74] *Ibid.*, AK. V, 48, *o.c.*, p. 150.

[75] *Ibid.*, AK. V, 47, *o.c.*, p. 148.

[76] *Ibid.*, AK. V, 4, *o.c.*, p. 90.

[77] *Ibid.*, AK. V, 47, *o.c.*, p. 148-149.

[78] Kant, *CRP*, AK. III, 513, *o.c.*, p. 649.

usage simplement spéculatif, un seul jugement directement synthétique par concepts », tout « jugement synthétique susceptible d'avoir une valeur objective » étant fondé dans la « relation » des catégories à « l'expérience possible »[79]. De ce point de vue, il faut reconnaître, comme le soutient Kant[80], que « les propositions transcendantales [...] ne sont pas des *mathemata* », c'est-à-dire qu'elles « se rapportent [...] indirectement aux intuitions », et que « la synthèse conceptuelle qu'elles [ces « propositions »] renferment est elle-même indirecte au sens où elle doit se rapporter au dehors du concept [...] [, soit à la] possibilité de l'expérience »[81]. Si donc « prouver la vérité des principes de l'entendement pur de manière ostensive », c'est « la dériver de l'unité de l'aperception », si, par ailleurs, « établir la validité objective de la loi morale sur le même modèle », c'est « la dériver de la liberté prise comme principe », alors il n'y a pas de preuve ostensive de l'*a priori* transcendantal théorique et pratique[82]. En effet, il n'y a pas plus d'intuition intellectuelle possible de l'« intelligence » (*Intelligenz*)[83] que de la liberté (laquelle « ne peut être [saisie] du point de vue des fondements de sa possibilité »[84]).

Toutefois, s'il est vrai, comme le souligne C. Piché[85], que la méthode philosophique n'est pas conduite selon l'usage intuitif de la raison (au sens de la connaissance mathématique), proposant, de ce fait, des « preuves » « discursives » (« acroamatiques ») et non des « démonstrations »[86], il faut reconnaître que la déduction transcendantale nous conduit aux

---

[79] *Ibid.*, AK. III, 482-483, *o.c.*, p. 618.

[80] *Ibid.*, AK. III, 482, *o.c.*, p. 617.

[81] A. Grandjean, *Critique et réflexion*, Vrin, Paris, 2009, p. 138.

[82] *Ibid.*, p. 148.

[83] Kant, *CRP*, AK. III, 124, *o.c.*, p. 214.

[84] J.-P. Fussler, *in* Kant, *CRPr*, Introduction, *o.c.*, p. 50.

[85] C. Piché, « La métaphore de la guerre et du tribunal », *in L'année 1795. Kant. Essai sur la paix*, P. Laberge, G. Lafrance et D. Dumas (sous la direction de), Vrin, 1997, p. 395.

[86] Kant, *CRP*, AK. III, 481, *o.c.*, p. 617 ; « acroamatique » signifie : qui « ne [peut] s'opérer qu'à travers de simples mots (en évoquant l'objet en pensée) ».

« trois sources subjectives de connaissances »[87] et, en ce sens, qu'elle nous « [procure] une *Einsicht in die Quellen* »[88], ce qui doit s'entendre dans les limites de notre finitude : la preuve transcendantale est « ostensive acroamatique », propose C. Piché, c'est-à-dire qu'elle est « propre à la philosophie », laquelle « ne peut que suivre le parcours sinueux des concepts »[89] ; à ce titre, en tant que non « apagogique »[90], elle peut « atteindre à la « compréhension (*Begrifflichkeit*) – C. Piché cite ici Kant – de la vérité considérée au point de vue de l'enchaînement qui la relie aux fondements de sa possibilité » »[91].

De même, dans le domaine pratique, Kant soutient que la critique, en son pouvoir de « pénétration » (*Einsicht*), conduit à cette « [force] [...] [fondamentale] » qu'est le « pouvoir pratique pur de la raison », même si cette *Einsicht* est alors « au bout de ses ressources », dans le sens où « la possibilité de [...] [la « liberté »] ne peut être conçue par aucun moyen » (Kant qualifie le « pouvoir de la liberté » d'« insondable »)[92].

Certes, Kant utilise des preuves « apagogiques » (ou « indirectes » : « quand je conclus la vérité d'une proposition de la fausseté de la proposition opposée, j'en propose une preuve apagogique »)[93], mais faut-il considérer, pour autant, que

---

[87] *Ibid.*, AK. IV, 76, *o.c.*, p. 178, cité par C. Piché, « La métaphore de la guerre et du tribunal », *o.c.*, p. 395.

[88] C. Piché, « La métaphore de la guerre et du tribunal », *o.c.*, p. 395.

[89] C. Piché, *Kant et ses épigones*, *o.c.*, p. 106.

[90] Kant, *CRP*, AK. III, 513, *o.c.*, p. 649.

[91] C. Piché, *Kant et ses épigones*, *o.c.*, p. 106 ; la citation de Kant est extraite de *CRP*, AK. III, 513-514, trad. J. Barni, A.J.-L. Delamarre et F. Marty, *Œuvres philosophiques*, tome I, Gallimard, Paris, 1980, p. 1354 (référence citée par C. Piché).

[92] Kant, *CRPr*, AK. V, 46-47, *o.c.*, p. 147-148.

[93] Kant, *Logique*, AK. IX, 71, *o.c.*, p. 80 ; cf. également *CRP*, AK. III, 513-514, trad. A. Renaut, *o.c.*, p. 649 : les « preuves transcendantales [de la « raison pure [...] soumise à une discipline »] [...] ne doivent jamais être apagogiques, mais toujours ostensives », AK. III, 513, *o.c.*, p. 649. Cf. A. Grandjean, *Critique et réflexion*, *o.c.*, p. 139 ; M. Crampe-Casnabet, « Rousseau et Kant : une philosophie peut-elle être populaire ? », *Popularité de la philosophie*, P. Beck et D. Thouard (coordonnateurs), E.N.S Éditions, Fontenay/Saint-Cloud, 1995, p. 134-135 ; J.-P. Fussler, Kant, *CRPr*, Introduction, *o.c.*, p. 49.

« l'ostensivité » soit « le rêve impossible de la philosophie kantienne »[94] ? En suivant C. Piché, nous considérons que l'analyse transcendantale est ostensive (du moins autant que le permet notre finitude), ce qui n'exclut donc pas, en raison même de notre finitude, les raisonnements apagogiques. Ainsi, le transcendantal ne rendrait pas absolument nécessaire ce que A. Grandjean appelle « le caractère indirect du philosopher »[95]. Quoique la « profondeur [...] du transcendantal » soit effectivement insondable[96], la « pénétration [*Einsicht*] humaine » peut nous conduire jusqu'aux « sources » (*Quellen*)[97] (à défaut de pouvoir nous en donner une « vision complète »[98]).

Par ailleurs, la preuve du transcendantal est liée à la possibilité rationnelle de l'auto-compréhension (cf. *supra* I, 3). Cette preuve s'inscrit donc dans une pensée de la raison et requiert une Idée de l'homme. Ainsi, notre pensée « n'est [...] [pas] en état de soumettre ses jugements à une maxime positive d'après les principes objectifs de la connaissance ; elle ne peut que se fonder sur un principe subjectif de différenciation »[99]. La pensée « spéculative » se fonde à la fois dans l'essence de la raison, dans le « sentiment du besoin inhérent à la raison », besoin de penser, de « supposer [...] l'existence d'un être suprême »[100], et dans une résolution, une « décision », la

[94] F.-X. Chenet, *L'assise de l'ontologie critique*, Presses Universitaires de Lille, 1994, p. 363 ; F.-X. Chenet considère d'ailleurs que « l'allégeance de Kant à la méthode expérimentale » est « la preuve [...] [que Kant] ne procède pas véritablement de façon apagogique » (la « méthode expérimentale » étant définie comme « raisonnement par lequel une hypothèse est adoptée parce qu'elle permet seule de rendre compte d'un fait, ou bien écartée parce qu'elle ne s'accorde pas avec un fait »), cf. *o.c.*, note 103 p. 373, et p. 365-366 (où il « [distingue] » le « raisonnement proprement apagogique » et la « méthode expérimentale »).

[95] A. Grandjean, *Critique et réflexion*, *o.c.*, p. 138.

[96] *Ibid.*, p. 148.

[97] Kant, *CRPr*, AK. V, 46-47, *o.c.*, p. 147-148.

[98] Kant, *CRP*, AK. III, 514, *o.c.*, p. 650.

[99] Kant, *Qu'est-ce que s'orienter dans la pensée ?*, AK. VIII, 136, trad. A. Philonenko, Vrin, Paris, 1993, p. 78.

[100] *Ibid.*, AK. VIII, 136-141, *o.c.*, p. 78-83.

« décision » de penser, de satisfaire au besoin de la raison, « décision » criticiste qui procède de l'Idée réfléchissante[101] d'un « sens commun »[102], laquelle doit être conçue « pour ainsi dire comme si elle résultait d'un contrat originaire dicté par l'humanité elle-même »[103]. Que penser donc d'un rationalisme articulé à l'Idée d'un décisionnisme fondationnel ? La « vérité » serait une Idée, au même titre que l'essence transcendantale (et suprasensible) de l'esprit (*Gemüt*), Idée instituée par une « décision » réfléchissante de l'esprit. Mais que penser de l'Idée d'une « vérité » qui serait à la fois nécessaire rationnellement, c'est-à-dire non « [arbitraire] »[104] (puisqu'il y va du « [désenveloppement] » du « germe originaire »[105] de la raison), et à instituer (et réinstituer incessamment) à la faveur de l'« épigenèse »[106] d'une pensée le plus originairement « héautonome »[107], réfléchissante, auto-fondée dans l'exigence transcendantale de la « partageabilité »[108] d'un « sens » (« commun ») ?

---

[101] Kant, *CJ*, AK. V, 179, *o.c.*, p. 158.
[102] *Ibid.*, AK. V, 293-295, *o.c.*, p. 278-280.
[103] *Ibid.*, AK. V, 297, *o.c.*, p. 282.
[104] Kant, *CRPr*, AK. V, 47, *o.c.*, p. 148.
[105] Kant, *CRP*, AK. III, 540, *o.c.*, p. 675-676.
[106] *Ibid.*, AK. III, 128, *o.c.*, p. 218-219.
[107] Kant, *CJ*, AK. XX, 225, *o.c.*, p. 115, et AK. V, 185, *o.c.*, p. 165.
[108] J.-F. Lyotard, *Leçons sur l'Analytique du sublime*, Galilée, Paris, 1991, p. 234.

CHAPITRE II

La pensée et le jugement réfléchissant

La faculté de juger théorique est « déterminante », en tant qu'elle a pour fonction d'« appliquer [les catégories] [...] au cas particulier du phénomène temporel », ce qui suppose de « trouver *a priori* les cas où l'on peut mettre en pratique les catégories [par exemple, il s'agit de « savoir dans quels cas précis nous avons le droit de déterminer ou non le phénomène par la catégorie de causalité »] »)[1]. Elle part donc du concept, c'est-à-dire de « l'universel [...] donné », pour « [subsumer] sous lui le particulier »[2]. Kant précise que la « faculté de juger transcendantale » qui « indique *a priori* les conditions conformément auxquelles seulement il peut y avoir subsomption sous [...] [l']universel » est elle aussi « déterminante »[3]. Ainsi, la mise au jour des principes *a priori* de l'entendement comme « schèmes adaptés à l'expérience », principes qui « fondent tous les jugements synthétiques *a priori* », « [définissant] quand ce type de jugement est valable »[4], cette mise au jour, disons-nous, serait elle aussi de l'ordre de la « détermination » transcendantale (les principes *a priori* sont pensés comme un « universel » « donné »[5]). Toutefois, ce qui est « donné » à la réflexion criticiste n'a-t-il pas d'abord dû être « trouvé »[6] par elle ? Qu'en est-il donc de la *pensée* mise en œuvre pour « trouver » les *a priori* et théoriser la faculté de juger transcendantale

[1] J. Rivelaygue, *Leçons de métaphysique allemande*, tome II, *o.c.*, p. 155 et p. 152-153.

[2] Kant, *CJ*, AK. V, 179, *o.c.*, p. 158.

[3] *Ibid.*

[4] J. Rivelaygue, *Leçons de métaphysique allemande*, tome II, *o.c.*, p. 155.

[5] Kant, *CJ*, AK. V, 179, *o.c.*, p. 158.

[6] *Ibid.*

« déterminante » (cf. *supra* ce II) ? Ressortit-elle tout entière à cette faculté de juger ?

Le raisonnement de Kant est analogue s'agissant du jugement pratique tel qu'il est théorisé dans la Typique de la faculté de juger pratique pure. La faculté de juger pratique « met en relation le particulier et l'universel » « de façon déterminante »[7]. Il s'agit, en effet, de « décider » « si une action, possible pour nous dans la réalité sensible, est ou non le cas soumis à la règle [pratique de la raison] »[8], règle qui « s'impose à nous par elle-même comme proposition synthétique *a priori* », étant « donnée » comme un « fait de la raison »[9], c'est-à-dire comme un « universel »[10]. Mais qu'en est-il de la *pensée* de ce jugement « déterminant », ainsi que de celle de la (conscience de la) loi morale comme « donnée » ? Est-elle elle-même « déterminante » ? Comment donc s'origine architectoniquement la « détermination » ? Si, comme nous le proposons, toute pensée est essentiellement « réfléchissante » (au sens de la troisième *Critique*)[11], comment concevoir le passage de la « réflexion » (au sens du réfléchissant) à la « détermination » ?

*

Soulignons que le jugement réfléchissant ne serait pas possible sans une détermination : en effet, « si, dans le jugement réfléchissant, seul le particulier est donné [...], cette donation [...] est déjà marquée, écrit J. Garelli, par le découpage des institutions symboliques [au sens de M. Richir, cf. *supra* I], qui la « détermine » comme « singulière ». Car il n'y a pas d'acte de donation, délimitant une « particularité », sans une détermination sous-jacente, qui la fait surgir comme telle »[12]. Si donc « la « réflexion », qui repère la singularité donnée, ne se déploie pas dans un horizon de neutralité à l'égard de toute connaissance

[7] J.-P. Fussler, *in* Kant, *CRPr*, *o.c.*, note 226, p. 367.
[8] Kant, *CRPr*, AK. V, 67, *o.c.*, p. 175.
[9] *Ibid.*, AK. V, 31, *o.c.*, p. 127-128.
[10] Kant, *CJ*, AK. V, 179, *o.c.*, p. 158.
[11] *Ibid.*
[12] J. Garelli, *Rythmes et mondes*, Millon, Grenoble, 1991, p. 54-55.

déterminante »[13], cela s'entend dans le sens où cette « réflexion » requiert la « faculté de désignation [*Bezeichnungsvermögen*] »[14], soit le « langage » (*Sprache*, *Sprechen*)[15], défini comme le « meilleur mode de désignation de la pensée [*Gedankenbezeichnung*] »[16]. Ainsi, ce qui est « donné » à la réflexion et « pour lequel l'universel doit être trouvé » (ce qui définit l'exercice du jugement réfléchissant)[17] est une « « entité » déjà marquée par les découpages individuants de sens symbolique »[18], découpages qui se fondent dans les « règles » et « éléments [...] [de] grammaire » constituant la « langue [*Sprache*] »[19]. Plus originairement, ils se fondent sur le pouvoir de penser (« toutes les langues [...] doivent penser [le] Je, même si elles ne l'expriment pas par un mot particulier »)[20], lequel est structuré selon des « règles absolument nécessaires », que l'on se situe au niveau de la « simple forme de la pensée » – « logique générale » –[21] ou, comme dans la critique théorique, au niveau de la logique transcendantale comme système des « lois de l'entendement et de la raison, [...] en tant qu'elle se rapporte à des objets *a priori* »[22].

C'est à l'« institution symbolique » (au sens de M. Richir, cf. *supra* I) que ressortit la logique transcendantale, dont le philosophe critique « trouve »[23], à la faveur d'une « réflexion » (*Nachdenken*), les structures *a priori* (l'effort de « réflexion » qui consiste à « [dégager] » ces structures de la « connaissance commune » étant « très [proche parent] » de celui qui consiste à

---

[13] *Ibid.*, p. 55.

[14] Kant, *Anthropologie du point de vue pragmatique*, AK. VII, 191, *o.c.*, p. 142.

[15] *Ibid.*, AK. VII, 192-193, *o.c.*, p. 144.

[16] *Ibid.*, AK. VII, 192, *o.c.*, p. 144.

[17] Kant, *CJ*, AK. V, 179, *o.c.*, p. 158.

[18] M. Richir, *La crise du sens et la phénoménologie*, Millon, Grenoble, 1990, p. 82.

[19] Kant, *Prolégomènes à toute métaphysique future qui pourra se présenter comme science*, AK. IV, 323, *o.c.*, p. 99.

[20] Kant, *Anthropologie du point de vue pragmatique*, AK. VII, 127, *o.c.*, p. 89.

[21] Kant, *CRP*, AK. III, 75-76/IV, 48-49, *o.c.*, p. 144-145.

[22] *Ibid.*, AK. III, 78/IV, 51, *o.c.*, p. 147.

[23] *Ibid.*, AK. III, 86/IV, 59 *o.c.*, p. 157.

« dégager [...] d'une langue » ses « règles [« [formelles] »] » et à « réunir » ainsi « les éléments d'une grammaire »)[24]. La logique transcendantale « paraît », en effet, « comme toujours déjà « [donnée] » d'ailleurs », ce qui caractérise l'« institution » selon M. Richir[25]. Mais la question est de savoir si ce « paraître » est celui de la manifestation propre à l'institution ou s'il doit être compris dans le sens de l'« apparence » qui « résulte d'une pensée qui se trompe elle-même »[26]. Précisons, à ce propos, que la mise au jour des *a priori* n'est jamais chez Kant l'œuvre du seul « [désenveloppement] » d'une essence rationnelle[27], mais qu'elle est toujours aussi l'œuvre d'une « épigenèse »[28] qui « fonde » (transcendantalement) cela même (à savoir la logique transcendantale) qui n'est donc pas toujours déjà donné dans le sens d'une « institution » dont l'homme n'aurait « jamais « décidé » (délibérément) »[29]. La logique transcendantale en son apriorité, dont le sujet pensant fait l'« acquisition originelle » (ce qui signifie que l'*a priori*, qui n'est pas l'« inné », « n'existait pas encore [...] avant cette action »[30], qui ressortit, selon notre hypothèse, à une « décision transcendantale » (cf. *infra* ce II et III)), participe donc de l'effectivité épigénétique de la pensée critique (ce qu'il faut entendre dans le sens de l'« autoréférence » du discours transcendantal, cf. *supra* I, 3).

Ainsi, peut-on considérer que la « réflexion » transcendantale, en tant qu'elle « constitue l'état de l'esprit où nous nous disposons [...] à découvrir les conditions subjectives sous lesquelles nous pouvons parvenir à des concepts »[31],

---

[24] Kant, *Prolégomènes à toute métaphysique future qui pourra se présenter comme science*, AK. IV, 323, *o.c.*, p. 99-100.
[25] M. Richir, *L'expérience du penser*, *o.c.*, p. 14.
[26] M. Alexandre, *Lecture de Kant*, PUF, Paris, 1978, p. 194.
[27] Kant, *CRP*, AK. III, 540, *o.c.*, p. 675-676.
[28] *Ibid.*, AK. III, 128-129, *o.c.*, p. 218-219.
[29] M. Richir, *L'expérience du penser*, *o.c.*, p. 14.
[30] Kant, *Réponse à Eberhard*, AK. VIII, 221-222, trad. R. Kempf, Vrin, Paris, 1973, p. 71.
[31] Kant, *CRP*, AK. III, 214-215/IV, 169, *o.c.*, p. 309-310.

c'est-à-dire « [trouver] [...] l'universel »[32], témoigne d'un usage « réfléchissant » (au sens de la troisième *Critique*) de la faculté de juger ?

Il ne le semble pas. En effet, l'épigenèse (cf. *supra* ce II) « réflexive » transcendantale, qui produit l'*a priori* théorique et pratique, n'est pas « réfléchissante », mais est l'auto-« détermination » de l'essence du penser, de l'esprit (*Gemüt*). L'*a priori* théorique peut ainsi être reconnu comme « la détermination *a priori* de la synthèse *a priori* »[33]. Il est question ici de la détermination transcendantale (des objets) de l'expérience, de la détermination de l'« objectivité de la connaissance »[34], « transcendantal » désignant « les formes, principes, ou idées *a priori* dans leur rapport nécessaire avec l'expérience »[35]. Dans la « faculté de juger déterminante », « le particulier [...] n'est pas donné, mais ne surgit que par sa détermination par l'universel (*a priori*) » ; ainsi, les « intuitions [...] ne surgissent comme telles que d'avoir été, toujours déjà, découpées par la temporalisation/spatialisation *a priori* des schèmes transcendantaux »[36].

Quant à l'*a priori* pratique, outre le caractère « déterminant » du jugement pratique qu'il fonde (cf. *supra* ce II) – s'agissant alors d'une détermination de l'objectivité pratique –, comment ne pas reconnaître en lui l'œuvre d'une pensée « déterminante » ? Si, en effet, la (« conscience » de la) loi morale « s'impose à nous par elle-même comme proposition synthétique *a priori* », si cet universel est « [donné] » comme un « fait »[37] à la « raison humaine commune »[38], si je n'ai donc pas alors à « [juger] », mais si « c'est la raison qui m'en impose », si

---

[32] Kant, *CJ*, AK. V, 179, *o.c.*, p. 158.

[33] M. Richir, *La crise du sens et la phénoménologie*, *o.c.*, p. 83.

[34] E. Ortigues, *Le discours et le symbole*, Beauchesne, Paris, 2007, p. 240.

[35] A. Lalande, *Vocabulaire technique et critique de la philosophie*, PUF, Paris, 2006, p. 1146.

[36] M. Richir, *La crise du sens et la phénoménologie*, *o.c.*, p. 82.

[37] Kant, *CRPr*, AK. V, 55-56, *o.c.*, p. 127.

[38] Kant, *Métaphysique des mœurs* I, *Fondation*, AK. IV, 405, trad. A. Renaut, GF Flammarion, Paris, 1994, p. 76.

« c'est une proposition qui s'impose à moi »[39], comment la pensée critique aurait-elle à « [trouver] »[40] préalablement cet universel, c'est-à-dire à « réfléchir » (au sens du réfléchissant) ? La loi morale, « je n'ai pas à [la] chercher [...] au-delà de mon horizon [l'horizon de ma « personnalité »] [...] ; je [la] vois devant moi, et je [la] rattache immédiatement à la conscience de mon existence »[41].

Toutefois, la détermination de l'objectivité (et de l'objet) n'est pas intégrale, qu'il s'agisse du domaine de la nature ou de celui de la liberté.

Si, en effet, du point de vue de la critique théorique, « toute chose, quant à sa possibilité, est soumise [...] au principe de la détermination intégrale, selon lequel, de tous les prédicats possibles des choses, en tant qu'ils sont comparés à leurs contraires, un seul doit lui revenir »[42], la « détermination intégrale » est, comme telle, un *principe* « logique »[43], « heuristique »[44], qui ressortit à l'Idéal transcendantal comme Idée d'un « *substratum* transcendantal qui contient pour ainsi dire toute la réserve de matière d'où peuvent être tirés tous les prédicats possibles des choses », « Idée d'un tout constitué par la réalité (*omnitudo realitatis*) »[45], Idéal, comme tel, indéterminable[46]. Le travail de la science constitue un mouvement de « [recherche] »[47] « sans fin »[48], orienté par les Idées de la raison dont l'usage légitime est « régulateur »[49]. L'Idée « indique, non pas comment un objet est constitué, mais

[39] J.-L. Marion, *Cours sur la volonté*, Presses universitaires de Louvain, 2014, p. 188.
[40] Kant, *CJ*, AK. V, 179, *o.c.*, p. 158.
[41] Kant, *CRPr*, AK. V, 161-162, *o.c.*, p. 295.
[42] Kant, *CRP*, AK. III, 385, *o.c.*, p. 518.
[43] *Ibid.*, AK. III, 430, *o.c.*, p. 563.
[44] *Ibid.*, AK. III, 443, *o.c.*, p. 576.
[45] *Ibid.*, AK. III, 387-388, *o.c.*, p. 520.
[46] *Ibid.*, AK. III, 390, *o.c.*, p. 523.
[47] *Ibid.*, AK. III, 443, *o.c.*, p. 576.
[48] J. Rivelaygue, *Leçons de métaphysique allemande*, tome II, *o.c.*, p. 184.
[49] Kant, *CRP*, AK. III, 428, *o.c.*, p. 561.

de quelle manière, sous la direction de ce concept, nous devons chercher la constitution et la liaison des objets de l'expérience en général »[50]. Ainsi, l'Idée de monde a le « sens [...] d'une sorte d'impératif théorique pour l'entendement de poursuivre la recherche des causes et celle de la divisibilité de la matière à l'infini » ; quant à l'Idée de Dieu, elle « désigne le processus pour remonter de condition en condition dans la série des possibles »[51], ce qui l'identifie à l'« Idée d'une unité totale du savoir », c'est-à-dire à un « *focus imaginarius* de la connaissance humaine », ce sens devant être aussi celui, précise A. Renaut, de « l'Idée d'Âme »[52], qu'il faut « [appliquer] à l'usage systématique de la raison relativement aux phénomènes [...] [du] sens interne » (par là, la raison « ne vise rien d'autre que des principes de l'unité systématique dans l'explication des phénomènes de l'âme, permettant de considérer toutes les déterminations comme inscrites dans un sujet unique »)[53].

S'agissant du domaine pratique, certes « quelque chose de la liberté touche à notre savoir » (par la loi morale, « [nous] savons que nous sommes libres »)[54], donc l'usage pratique de la raison autorise une « détermination positive pratique »[55] et, ce qui marque un usage « déterminant » de la faculté de juger, la loi morale est « déterminante en nous »[56] (cf. *supra* ce II). Toutefois, l'Idée de liberté demeure, comme telle, « insondable »[57], inconnaissable[58] (« nous ne savons pas ce qu'est cette liberté »[59],

---

[50] *Ibid.*, AK. III, 443, *o.c.*, p. 576.

[51] J. Rivelaygue, *Leçons de métaphysique allemande*, tome II, *o.c.*, p. 184-185.

[52] A. Renaut, « La place de l'*Anthropologie* dans la théorie kantienne du sujet » *in L'Année 1798. Kant. Sur l'Anthropologie*, J. Ferrari (sous la direction de), Vrin, Paris, 1997, p. 54.

[53] Kant, *CRP*, AK. III, 450, *o.c.*, p. 583.

[54] J.-P. Fussler, *in* Kant, *CRPr*, Introduction, *o.c.*, p. 68-69.

[55] F. Alquié, *in* Kant, *CRPr*, Introduction, PUF, Paris, 1983, p. XIX.

[56] Kant, *CJ*, AK. V, 275, *o.c.*, p. 259. Cf. M. Alexandre, *Lecture de Kant*, *o.c.*, p. 293.

[57] Kant, *CRPr*, AK. V, 47, trad. J.-P. Fussler, *o.c.*, p. 148.

[58] Cf. F. Alquié, *in* Kant, *CRPr*, Introduction, *o.c.*, p. XIX.

[59] J.-P. Fussler, *in* Kant, *CRPr*, trad. J.-P. Fussler, Introduction, *o.c.*, p. 69.

dont le sens architectonique s'inscrit, pour nous, dans une pensée de l'espérance), indéterminable (c'est-à-dire qu'il est impossible, en tant qu'Idée, de l'« objectiver » ; elle ne saurait « [constituer] [...] une chose »[60]). Par ailleurs, la pensée de la loi morale comme « fait de la raison »[61] ne peut être saisie en son sens architectonique que par rapport à l'Idée de la « destination complète de l'être humain »[62], soit à l'Idée de la réalisation du souverain Bien (dérivé). Or, cette Idée pratique est-elle un universel « donné » (au sens du jugement déterminant[63]) ou la visée d'une pensée proprement « réfléchissante » (au sens de la troisième *Critique*) ?

La question se pose donc de savoir si l'indétermination (ou l'indéterminabilité) de l'Idée (théorique ou pratique) est le signe de sa dimension essentiellement « réfléchissante » (au sens de la troisième *Critique*) ou, du moins, si elle s'articule, en quelque manière, à un usage réfléchissant de la faculté de juger.

A la vérité, l'Idée d'un monde intelligible est « donnée » comme postulat de la raison pratique, c'est-à-dire qu'elle est nécessairement produite par la raison : ainsi, les postulats de la raison pratique pure « partent tous de la proposition fondamentale de la moralité, qui [...] est [...] une loi par laquelle la raison détermine immédiatement la volonté »[64], c'est-à-dire qu'ils sont fondés architectoniquement dans le « fait », déterminant (cf. *supra* ce II), de la raison qu'est la loi morale ; autrement dit, « la volonté, par cela même qu'elle est ainsi déterminée, exige, comme volonté pure, ces conditions [les postulats] nécessaires à l'observation de son précepte »[65] : dès lors, les postulats s'inscrivent dans (la pensée de) l'« exigence » (déterminante) de la raison, soit dans l'Idée (d'une pensée critique) de l'absolu rationnel (il est nécessaire de

[60] Kant, *CRP*, AK. III, 390, *o.c.*, p. 523.
[61] Kant, *CRPr*, AK. V, 56, trad. J.-P. Fussler, *o.c.*, p. 127.
[62] Kant, *CRP*, AK. III, 543, *o.c.*, p. 679.
[63] Kant, *CJ*, AK. V, 179, *o.c.*, p. 158.
[64] Kant, *CRPr*, AK. V. 132, *o.c.*, p. 258.
[65] *Ibid.*, AK. V, 132, *o.c.*, p. 258-259.

« [présupposer] sous un rapport pratique »[66] l'Idée de Dieu, afin d'instituer une raison capable de fonder absolument les valeurs[67]). Cet *a priori* de l'Idée pratique vaut certes seulement comme « principe régulateur universel »[68], analogue aux Idées régulatrices de la raison théorique : de même que les Idées théoriques ne déterminent pas l'objet, mais règlent la recherche de l'entendement (cf. *supra* ce II), de même l'Idée du souverain Bien « ne détermine pas objectivement la constitution de la liberté », mais « érige pour chacun en commandement » une règle, celle « d'agir d'après [l']Idée [pratique] »[69]. Toutefois, l'*a priori* pratique, qu'il soit saisi à hauteur de l'Analytique de la raison pratique pure ou de sa Dialectique, est « donné » comme « universel »[70] qui rend possible une « détermination du concept du souverain Bien »[71].

S'agissant de la connaissance, elle est animée par un principe de finalité[72] qui la fait progresser vers l'Idée d'un « tout », d'une « unité systématique »[73]. Or, si la raison n'était pas alors subordonnée à l'entendement[74] (elle qui « présuppose les connaissances de l'entendement »[75]), ses « maximes »[76] pourraient à bon droit être interprétées comme des maximes de la faculté de juger réfléchissante et elle-même, la raison, pourrait être comprise comme « héautonome »[77]. Les maximes de la

---

[66] *Ibid.*, AK. V, 132, *o.c.*, p. 259.

[67] Cf. nos ouvrages *Penser la politique avec Kant. La fondation morale de la république*, L'Harmattan, Paris, 2014, p. 68-69, et *Philosophie et existence. Qu'est-ce que l'homme ?*, L'Harmattan, Paris, 2014, p. 49.

[68] Kant, *CJ*, AK. V, 404, *o.c.*, p. 399.

[69] *Ibid.*

[70] *Ibid.*, AK. V, 179, *o.c.*, p. 158.

[71] Kant, *CRPr*, AK. V, 110, *o.c.*, p. 231.

[72] Kant, *CRP*, AK. III, 452, *o.c.*, p. 585.

[73] *Ibid.*, AK. III, 538, *o.c.*, p. 674.

[74] Cf. M. Souriau, *Le jugement réfléchissant dans la philosophie critique de Kant*, Alcan, Paris, 1925, p. 42 et p. 45.

[75] Kant, *CRP*, AK. III, 438, *o.c.*, p. 571.

[76] *Ibid.*, AK. III, 440, *o.c.*, p. 573.

[77] Kant, *CJ*, AK. XX, 225, *o.c.*, p. 115, et AK. V, 185-186, *o.c.*, p. 165.

raison théorique (« diversité, affinité et unité »[78]) sont, en effet, des « principes subjectifs qui ne sont pas tirés de la nature de l'objet, mais de l'intérêt de la raison pour une certaine perfection possible de la connaissance de cet objet »[79] ; en ce sens, la raison les décrète, en décide, les « admet », comme la faculté de juger réfléchissante « admet » la « loi de la spécification de la nature »[80]. Pourtant, la raison est alors (seulement) « autonome » (« [prescrivant] [...] [sa] loi [...] à la nature »[81], c'est-à-dire « [préparant] [...] à l'entendement son champ »[82]), elle n'est pas « héautonome » au sens de la faculté de juger réfléchissante, qui « prescrit [...] à elle-même [...] une loi pour la réflexion sur [la] nature »[83]. Le fait est que la raison théorique œuvre sous la direction de l'entendement, « en fonction de » lui[84], c'est-à-dire qu'elle se subordonne à l'apriorité déterminante de la philosophie transcendantale comme métaphysique d'une « philosophie mécaniste de la nature »[85]. Or, dans la *Critique de la raison pure*, le mécanisme est pensé comme un principe « métaphysique » (cf. *infra* ce II), « donné », comme tel, à la faculté de juger « déterminante » (au sens de la troisième *Critique*), et non comme une maxime, « transcendantale » (cf. *infra* ce II), de la faculté de juger « réfléchissante » (au sens de la troisième *Critique*)[86]. Analysons désormais cette « [opposition] »[87] entre le « métaphysique » et le « transcendantal », telle qu'elle est théorisée dans la troisième *Critique*.

---

78 Kant, *CRP*, AK. III, 438, *o.c.*, p. 571.

79 *Ibid.*, AK. III, 440, *o.c.*, p. 573.

80 Kant, *CJ*, AK. V, 186, *o.c.*, p. 165.

81 *Ibid.*, AK. V, 185-186, *o.c.*, p. 165.

82 Kant, *CRP*, AK. III, 435, *o.c.*, p. 568.

83 Kant, *CJ*, AK. V, 185-186, *o.c.*, p. 165.

84 M. Souriau, *Le jugement réfléchissant dans la philosophie critique de Kant*, *o.c.*, p. 124.

85 Kant, *Premiers principes métaphysiques de la science de la nature*, AK. IV, 532, trad. J. Gibelin, Vrin, Paris, 1990, p. 112.

86 Kant, *CJ*, AK. V, 179, *o.c.*, p. 158, et AK. V, 181, *o.c.*, p. 160.

87 F. Pierobon, *Kant et la fondation architectonique de la métaphysique*, Millon, Grenoble, 1990, p. 79.

« Un principe transcendantal, écrit Kant, est celui par lequel est représentée la condition universelle *a priori* sous laquelle seulement des choses peuvent devenir des objets de notre connaissance en général. En revanche, un principe se nomme métaphysique quand il représente la condition *a priori* sous laquelle seulement des objets [...] peuvent être déterminés [...] *a priori* »[88]. La théorie du mécanisme de la nature n'est autre que le principe fondamental de la métaphysique de la (science de la) nature, soit le principe de la « nécessité des événements arrivant dans le temps suivant la loi naturelle de la causalité »[89]. Ce principe est « métaphysique », en ce sens qu'il fonde *a priori* la « détermination » des objets. Cette « définition [...] exprime [...] l'immanence dans le fonctionnement [...] de la faculté de juger »[90], la « démarche » « métaphysique » constituant le « [procédé] [dogmatique] » de la pensée, propre à la faculté de juger déterminante (« Nous procédons dogmatiquement avec un concept [...] lorsque nous le considérons comme contenu sous un autre concept de l'objet qui constitue un concept de la raison et lorsque nous le déterminons conformément à ce concept »[91]). Au contraire, les « maximes » du « mécanisme » et de la « finalité »[92] au sens de la faculté de juger réfléchissante témoignent de la « transcendantalité » du travail de pensée, au sens où F. Pierobon caractérise le « principe transcendantal » comme « celui qui règle la constitution de « l'objet de notre connaissance en général », ce qui n'en limite pas l'application à la seule expérience sensible », c'est-à-dire que le transcendantal désigne l'effectivité de « l'architectonique »[93]. La dimension « régulatrice » (cf. *supra* F. Pierobon) du transcendantal doit être mise en relation avec ce que Kant, dans

[88] Kant, *CJ*, AK. V, 181, *o.c.*, p. 160, cité par F. Pierobon, *Kant et la fondation architectonique de la métaphysique*, *o.c.*, p. 79-80.
[89] Kant, *CRPr*, AK. V, 97, *o.c.*, p. 212.
[90] F. Pierobon, *Kant et la fondation architectonique de la métaphysique*, *o.c.*, p. 80.
[91] Kant, *CJ*, AK. V, 395, *o.c.*, p. 390.
[92] *Ibid.*, AK. V, 387, *o.c.*, p. 381.
[93] F. Pierobon, *Kant et la fondation architectonique de la métaphysique*, *o.c.*, p. 80.

la troisième *Critique*, nomme le « [procédé] » « critique » de la réflexion : « [...] nous procédons avec un concept de façon simplement critique lorsque nous le considérons en relation à notre pouvoir de connaître, donc par rapport aux conditions subjectives permettant de le penser, sans entreprendre de décider quoi que ce soit sur son objet », ce qui « convient, précise Kant, [...] pour la faculté de juger réfléchissante »[94].

Ainsi, il semble que le phénomène naturel au sens de la première *Critique* soit « « saturé », dirait M. Richir, par le caractère déterminant »[95] (ou « métaphysique », au sens qui vient d'être précisé) de l'*a priori* mécaniste. La faculté de juger à l'œuvre dans la critique théorique est bien alors « déterminante, parce qu'un principe objectif lui est donné par l'entendement [il s'agit d'« [appliquer] » « les lois universelles de la nature », celles-là mêmes que « l'entendement prescrit [...] *a priori* à la nature »] »[96].

Toutefois, l'usage régulateur de la raison n'est-il pas, pour le moins, analogue à l'activité réfléchissante de la faculté de juger ? Pas plus que pour la faculté de juger réfléchissante, il ne s'agit, en effet, pour la raison de « décider quoi que ce soit sur son objet »[97], lequel ne lui est « donné » que comme « un objet dans l'Idée »[98]. Rappelons, en outre, que « la raison est un pouvoir de dériver le particulier à partir du général » : « ou bien le général est déjà en soi certain et donné » et « il ne requiert que la faculté de juger [« déterminante », au sens de la troisième *Critique*] pour procéder à la subsomption » : c'est ce que Kant entend par « l'usage apodictique de la raison » ; « [ou] bien le général n'est admis que de façon problématique, et il est une simple Idée ; le particulier est certain, mais l'universalité de la règle conduisant à cette conséquence est encore un problème » : la raison se définit alors par son « usage hypothétique », lequel

---

[94] Kant, *CJ*, AK. V, 395, *o.c.*, p. 390.
[95] M. Richir, *La crise du sens et la phénoménologie*, *o.c.*, p. 83.
[96] Kant, *CJ*, AK. V, 386, *o.c.*, p. 380.
[97] *Ibid.*, AK. V, 395, *o.c.*, p. 390.
[98] Kant, *CRP*, AK. III, 442, *o.c.*, p. 576.

« n'intervient que de façon régulatrice »[99] (l'usage apodictique étant, quant à lui, à l'œuvre dans la pensée de l'Analytique transcendantale et produisant, par ailleurs, les « démonstrations » : « [seule] une preuve apodictique, en tant qu'elle est intuitive, peut s'appeler démonstration »[100]). Or, le régulateur (comme « usage hypothétique » de la raison) ne manifeste-t-il pas une dimension « réfléchissante » propre à la pensée rationnelle dans la critique théorique ?

A vrai dire, s'il est légitime d'établir une analogie entre l'usage « régulateur » de la raison et l'activité « réfléchissante » de la faculté de juger, cela ne fait que souligner leur différence (cf. *supra* ce II ; l'analogie, rappelons-le, « ne signifie pas [...] une ressemblance imparfaite entre deux choses, mais une ressemblance parfaite de deux rapports entre des choses tout à fait dissemblables »[101]). Ainsi, l'usage *régulateur* (de la *raison*) ne saurait être pensé architectoniquement comme coextensif à l'activité *réfléchissante* (de la *faculté de juger*)[102]. Pourtant, si l'*a priori* théorique et pratique est incontestablement donné comme l'« universel » sous lequel doit être subsumé le « particulier »[103], si cet *a priori* est déterminant – « [l']entendement est législateur *a priori* pour la nature [...] en vue d'une connaissance théorique de celle-ci [...] La raison est législatrice *a priori* pour la liberté [...] en vue d'une connaissance pratique inconditionnée »[104] – (cf. *supra* ce II), qu'en est-il de la *pensée* qui institue cet *a priori* ? L'épigenèse réflexive transcendantale, en tant que « transcendantale » (cf. *supra* ce II), ne peut-elle pas être considérée comme une pensée « critique », c'est-à-dire « réfléchissante » (cf. *supra* ce II) ? S'il en est ainsi, le « procédé critique » de la pensée (qui

---

[99] *Ibid.*, AK. III, 429, *o.c.*, p. 562.

[100] *Ibid.*, AK. III, 481, *o.c.*, p. 616.

[101] Kant, *Prolégomènes à toute métaphysique future qui pourra se présenter comme science*, AK. IV, 357, *o.c.*, p. 146-147.

[102] Cf. notre ouvrage *Phénoménologie de la réflexion dans la pensée critique de Kant*, L'Harmattan, Paris, 2002, p. 152-154.

[103] Kant, *CJ*, AK. V, 179, *o.c.*, p. 158.

[104] *Ibid.*, AK. V, 195, *o.c.*, p. 174-175.

« [considère] […] [les] conditions subjectives permettant de […] penser [le « concept »] »[105]) est-il analogue à la « réflexion transcendantale » ou, comme nous en formons l'hypothèse, la « fonde »-t-il (« fondation » à entendre sur le mode du jugement réfléchissant), elle qui « n'a pas affaire aux objets eux-mêmes […], mais […] [qui] constitue l'état de l'esprit où nous nous disposons […] à découvrir les conditions subjectives sous lesquelles nous pouvons parvenir à des concepts »[106] ?

Par ailleurs, y aurait-il un sens à considérer que les phénomènes naturels (objets de perception ou de connaissance) ne peuvent « entrer », du moins totalement, « dans la détermination *a priori* de la synthèse *a priori* », ce qui serait la marque d'une certaine « contingence », la critique théorique « [devant] », pour cette raison, « rechercher le concept qui puisse s'accorder à […] [une telle] contingence »[107] ?

A la vérité, il n'est pas contestable que, « [pour] Kant, un phénomène [théorique] n'apparaît […] que dans un site prédéfini par un système de coordonnées [« liens d'inhérence, de causalité et de communauté »], lui-même gouverné par le principe de l'unité de l'expérience »[108]. Certes, les phénomènes naturels au sens de la première *Critique* peuvent être « objets » d'un jugement de goût, c'est-à-dire que la faculté de juger esthétique « [décide] » alors « la conformité de ce produit (de sa forme) avec nos pouvoirs de connaître », et ce, « par l'intermédiaire du sentiment »[109]. Mais l'« objet » n'est pas alors saisi dans son objectivité théorique, conceptuelle (puisque la faculté de juger ne « décide » pas « à travers une concordance avec des

---

[105] *Ibid.*, AK. V, 395, *o.c.*, p. 390.

[106] Kant, *CRP*, AK. III, 214-215/IV, 169, *o.c.*, p. 309-310.

[107] Cf. M. Richir, *La crise du sens et la phénoménologie*, *o.c.*, p. 83.

[108] J.-L. Marion, « Le phénomène saturé », *in Phénoménologie et théologie*, J.-F. Courtine (éd.), Critérion, Paris, 1992, cité par P. Fontaine, « Téléologie immanente et phénoménalisation de la liberté dans la philosophie de l'histoire de Kant », *in Kant anti-kantien*, J. Robelin (éd.), Publications de l'Université de Rouen, 2004, p. 70.

[109] Kant, *CJ*, AK. V, 194, *o.c.*, p. 173.

concepts »[110]) ; à proprement parler, l'objet théorique, s'il est goûté, n'est pas goûté *comme « objet »*, ce que Kant établit à travers sa distinction entre la « sensation » (comme « représentation objective des sens ») et le « sentiment » (« subjectif »)[111]. Le phénomène esthétique au sens kantien serait de l'ordre de ce que J.-L. Marion pense comme « phénomène saturé » (caractérisé par « l'excès de l'intuition sur le concept », par une « donation [...] de surcroît »)[112] ; le « phénomène saturé [...] ne se manifeste pas sur le mode des objets »[113], « [il échappe] à l'objectivation par surcroît de donné intuitif »[114] : « saturé », en ce sens, serait le beau, phénomène « subjectif », « esthétique »[115], qui n'est pas une « sensation objective »[116] ; « saturée » serait l'« Idée esthétique », soit « cette représentation de l'imagination qui donne beaucoup à penser, sans que toutefois [...] aucun concept [...] ne puisse lui être adéquate »[117]. Ainsi, un plaisir esthétique, donc procédant d'un jugement réfléchissant, a pu, ou peut encore, accompagner le jugement théorique, mais ce plaisir éprouvé éventuellement face à telle perception (au sens de la première *Critique*) ou à tel objet théorique ne « contribue », comme tel, « en rien à la connaissance »[118]. En outre, pour constituer la « vérité » scientifique (l'objectivité théorique), il a fallu « [faire] abstraction » des conditions phénoménologiques, soit temporelles, donc également « esthétiques », de sa production (sans que cette abstraction puisse être interprétée comme ce qui fonde la « clôture » d'un savoir absolu, la

---

[110] *Ibid.*

[111] *Ibid.*, AK. V, 206, *o.c.*, p. 184.

[112] J.-L. Marion, *De surcroît*, PUF, Paris, 2001, p. V.

[113] J.-L. Marion, *Le visible et le révélé*, Cerf, Paris, 2005, p. 148.

[114] J.-L. Marion, « Le phénomène saturé », *in Phénoménologie et théologie*, J.-F. Courtine (éd.), *o.c.*, p. 126, cité par P. Fontaine, « Téléologie immanente et phénoménalisation de la liberté dans la philosophie de l'histoire de Kant », *in Kant anti-kantien*, J. Robelin (éd.), *o.c.*, p. 70.

[115] Kant, *CJ*, AK. V, 203, *o.c.*, p. 181.

[116] *Ibid.*, AK. V, 206, *o.c.*, p. 184.

[117] *Ibid.*, AK. V, 314, *o.c.*, p. 300.

[118] *Ibid.*, AK. V, 204, *o.c.*, p. 182.

connaissance se constituant, en effet, comme « déclôture » transcendantale[119]).

Quant au principe de finalité, il est certes déjà à l'œuvre dans la *Critique de la raison pure*, mais son sens est alors architectoniquement différent de celui du principe de finalité comme « principe transcendantal de la faculté de juger [réfléchissante] »[120]. Le principe de finalité au sens de la troisième *Critique* est ce dont la faculté de juger a « besoin »[121] comme « principe de la réflexion sur des objets pour lesquels, objectivement, nous manquons [...] d'une loi ou d'un concept de l'objet qui puisse suffire à titre de principe pour les cas qui se présentent »[122]. Ces objets sont ceux qui « exigent pour être connus le jugement qui met en eux une finalité »[123]. Un tel jugement se fonde dans le principe transcendantal que se donne à elle-même la faculté de juger réfléchissante : « [à ces] produits de la nature on ne peut attribuer quelque chose comme une relation qu'en eux la nature entretiendrait avec des fins, mais l'on ne peut utiliser ce concept [de finalité] que pour réfléchir sur la nature du point de vue de la liaison qui s'y établit entre les phénomènes »[124]. Il est question ici des phénomènes « esthétiques » (ainsi, la « beauté est la forme de la finalité d'un objet, en tant qu'elle est perçue en lui sans représentation d'une fin »[125]) et des êtres vivants (le vivant, « en tant qu'être organisé et s'organisant lui-même, peut être appelé une fin naturelle »[126], le principe de finalité (n')étant (qu')une « [maxime nécessaire]

---

[119] Cf. F. Pierobon, *Kant et la fondation architectonique de la métaphysique*, *o.c.*, p. 274 et p. 281-282 ; cf. notre ouvrage *L'expérience kantienne de la pensée. Réflexion et architectonique dans la* Critique de la raison pure, L'Harmattan, Paris, 2001.

[120] Kant, *CJ*, AK. V, 181, *o.c.*, p. 160.

[121] *Ibid.*, AK. V, 347, *o.c.*, p. 336.

[122] *Ibid.*, AK. V, 385, *o.c.*, p. 379.

[123] F. Marty, *La naissance de la métaphysique chez Kant*, Beauchesne, Paris, 1980, p. 502.

[124] Kant, *CJ*, AK. V, 181, *o.c.*, p. 159-160.

[125] *Ibid.*, AK. V, 236, *o.c.*, p. 216.

[126] *Ibid.*, AK. V, 374, *o.c.*, p. 366.

en vue de la connaissance des lois de la nature »[127]). Le principe de finalité produit par la raison théorique porte, quant à lui, sur « toute organisation dans le monde »[128] et non pas seulement sur « certains produits »[129] dont l'esprit juge, « vu l'organisation de nos facultés »[130], qu'ils « ne sont possibles que comme fins de la nature »[131]. Alors que la raison théorique produit le principe de finalité comme en excès par rapport au principe, jugé déterminant, du mécanisme, articulant ainsi son « usage hypothétique » à son « usage apodictique »[132], la faculté de juger réfléchissante produit le principe de finalité comme maxime, au même titre que le principe du mécanisme[133], la finalité étant alors conçue non plus comme régulatrice d'un système de nécessité mécaniste, mais comme « légalité du contingent »[134].

Par ailleurs, le principe de finalité produit par la raison théorique exprime l'« autonomie » de cette raison et non son « héautonomie » (cf. *supra* ce II), ce qui signifie la subordination de la raison théorique à l'entendement, c'est-à-dire que la pensée théorique n'est pas aussi « pure », aussi purement « pensante »[135], que la pensée de la troisième *Critique* (laquelle souligne, au paragraphe 76, la nécessité d'une reprise réfléchissante du criticisme théorique et pratique), pensée théorique que nous désignerions, en ce sens, comme (encore) « hétéronome »[136].

*

[127] *Ibid.*, AK. V, 385, *o.c.*, p. 379.
[128] Kant, *CRP*, AK. III, 452, *o.c.*, p. 585.
[129] Kant, *CJ*, AK. V, 193, *o.c.*, p. 173.
[130] E. Weil, *Problèmes kantiens*, Vrin, Paris, 1970, p. 78.
[131] Kant, *CJ*, AK. V, 193, *o.c.*, p. 173.
[132] Kant, *CRP*, AK. III, 429, *o.c.*, p. 562.
[133] Kant, *CJ*, AK. V, 387, *o.c.*, p. 381.
[134] *Ibid.*, AK. XX, 217, *o.c.*, p. 108.
[135] J. Kopper, « Quelques remarques sur la composition de la Dialectique de la faculté de juger téléologique », *Revue Internationale de Philosophie*, n° 175, 4/1990, p. 612.
[136] *Ibid.*, p. 609 et p. 618.

Nous nous situerons, quant à nous, au niveau de la *pensée* qui élabore la philosophie critique, c'est-à-dire au niveau du « schématisme » de l'Idée architectonique[137], lequel s'articule, dans la topique transcendantale, aux différents « schématismes » des pouvoirs de l'esprit (schématisme de l'entendement pur, schématisme de l'Idée théorique, schématisme pratique, schématisme esthétique)[138]. Notre hypothèse est que l'épigenèse[139] réflexive transcendantale est, en son essence, « réfléchissante ». D'où le problème d'un passage de la « réflexion » à la « détermination ». D'où également cette question : peut-on légitimement prétendre que le phénomène esthétique (réfléchissant), que nous avons pensé comme un phénomène « saturé » au sens de J.-L. Marion (cf. *supra* ce II), « établit à la fin la vérité de toute phénoménalité »[140] ? Le phénomène naturel, objet de notre perception ou de notre connaissance (au sens de la première *Critique*), est-il lui-même pensable sur le mode du « surcroît », sa « donation » étant « hors norme »[141], caractérisée par un « excès de l'intuition sur le concept »[142], comme par analogie avec l'Idée esthétique[143] ?

Quant à l'Idée de l'action morale (agir « par devoir »[144] est, en effet, une Idée : « [il] se peut que l'homme n'ait jamais accompli son devoir […] ; il se peut même que nul n'y parvienne jamais malgré les plus grands efforts »[145]), ne s'inscrit-elle pas

---

137 Kant, *CRP*, AK. III, 539, *o.c.*, p. 674-675.

138 Cf. notre ouvrage *Penser la liberté et le temps avec Kant. La fondation morale de l'existence*, *o.c.*, chapitre II.

139 Kant, *CRP*, AK. III, 128, *o.c.*, p. 218-219.

140 Cf. J.-L. Marion, *Étant donné. Essai d'une phénoménologie de la donation*, PUF, Paris, 1997, p. 317.

141 Cf. J.-L. Marion, *De surcroît*, *o.c.*, p. V.

142 *Ibid.*

143 Kant, *CJ*, AK. V, 314, *o.c.*, p. 300.

144 Kant, *CRPr*, AK. V, 81, *o.c.*, p. 192.

145 Kant, *Sur le lieu commun : il se peut que ce soit juste en théorie, mais en pratique, cela ne vaut rien*, AK. VIII, 284-285, trad. F. Proust, GF Flammarion, Paris, 1994, p. 57.

dans une « réflexion », au sens du jugement réfléchissant, sur l'Idée d'une habitation morale du monde[146] ?

Ainsi, plutôt que d'être conçue comme ce que rend possible la limitation du jugement déterminant (de même, dirions-nous, que la limitation du « savoir » laisse de la « place pour la croyance »[147]), la pensée réfléchissante serait conçue comme ce qui sous-tend, précède transcendantalement, toute détermination. Plutôt que de penser le déterminant comme « plus près de l'essence du jugement que le jugement réfléchissant »[148], comme Kant semble en convenir, parlant d'une « faculté de juger [...] simplement [*bloß*] réfléchissante »[149], le réfléchissant serait l'essence la plus originaire de la pensée. Certes, il est possible de penser le jugement réfléchissant comme « [correspondant] à la dénomination qui permet de cerner la part énigmatique que rencontre le jugement déterminant, lorsque brusquement, devant le surgissement de la beauté, il découvre les limites [...] de son propre sens et qu'il tend, dès lors, à saisir la dimension de contingence radicale [...] qui excède le champ de la connaissance instituée, où s'exerce le jeu des catégories », c'est-à-dire comme ce qui « ne concerne en fait que la part « extérieure » des jugements déterminants », « leur au-delà conceptuellement irréductible »[150]. Toutefois, nous formons l'hypothèse que, quelle que soit la légitimité, à un certain niveau d'analyse, de la thèse qui vient d'être énoncée, le réfléchissant est toujours « en régime d'excès », suivant une expression de H. d'Aviau de Ternay[151], par rapport au déterminant, mais dans le sens où le réfléchissant constituerait l'essence même du transcendantalisme (de ce « trans-cendantalisme » qui, comme

---

[146] Cf. notre ouvrage *Le problème kantien de l'éthique. Habiter le monde*, *o.c.*, chapitres II et III.

[147] Kant, *CRP*, AK. III, 19, *o.c.*, p. 85.

[148] J.-E. Joos, *Kant et la question de l'autorité*, L'Harmattan, Paris, 1995, p. 20.

[149] Kant, *CJ*, AK. V, 179, *o.c.*, p. 158, cité par J.-E. Joos, *Kant et la question de l'autorité*, *o.c.*, p. 20.

[150] J. Garelli, *Rythmes et mondes*, *o.c.*, p. 55-56.

[151] H. d'Aviau de Ternay, *Criticisme et religion*, M. Castillo (sous la direction de), L'Harmattan, Paris, 2004, p. 75.

pouvoir de la liberté, « est », (se) met et « [agit] » toujours « à distance », au sens du « à distance (trans-) »[152]), soit l'effectivité de la pensée rendant possible toute représentation (au sens de la détermination « métaphysique »[153], cf. *supra* ce II). La question est alors celle du passage de la faculté de juger réfléchissante à la « détermination ».

Le réfléchissant relève à la fois de l'« institution symbolique » (au sens de M. Richir, cf. *supra* I), c'est-à-dire du langage en tant que condition possibilisante d'une « détermination » du « donné particulier » (cf. *supra* ce II), et du « phénoménologique » : en sa dimension « esthétique » (au sens de la troisième *Critique*), il « [phénoménalise] »[154] en dehors de l'emprise du concept – la « liberté de l'imagination consiste [...] en ce qu'elle schématise sans concepts »[155] –, les phénomènes esthétiques étant, par ailleurs, toujours « [associés] à un concept donné »[156], « [l'entendement] [conjurant] [...] l'absurde, l'informe, le non-sens » en « assignant des limites à la sensibilité qui ne saurait [...] chavirer dans l'irrationnel »[157]. Ainsi, le jugement réfléchissant (esthétique) laisse les phénomènes se manifester « librement » (cf. *infra* III), les faisant même surgir (dans la « [création] » « pour ainsi dire [d']une autre nature »[158]), comme source de « sens » (ce terme désignant ici l'« effet de la simple réflexion sur l'esprit », le « sentiment de plaisir »[159]), comme jaillissement d'une force d'expression qui n'est jamais saturée par des formes « [linguistiques] [déterminées] »[160], comme « [représentations] » qu'« aucun langage n'atteint

---

[152] M. Richir, *L'expérience du penser*, *o.c.*, p. 38.

[153] Kant, *CJ*, AK. V, 181, *o.c.*, p. 160.

[154] Cf. M. Richir, *Phénoménologie et institution symbolique*, *o.c.*, p. 15.

[155] Kant, *CJ*, AK. V, 287, *o.c.*, p. 271.

[156] *Ibid.*, AK. V, 316, *o.c.*, p. 303.

[157] J.-P. Larthomas, « Le paradoxe de l'Idée esthétique », *Sur la troisième Critique*, Editions de l'éclat, Combas, 1994, p. 62 et p. 58.

[158] Kant, *CJ*, AK. V, 314, *o.c.*, p. 300.

[159] *Ibid.*, AK. V, 295, *o.c.*, p. 280.

[160] *Ibid.*, AK. V, 315, *o.c.*, p. 302.

complètement ni ne peut rendre compréhensible[s] »[161]. Or, la réflexion esthétique est, selon nous, l'essence du jugement réfléchissant. Elle produit le sentiment du plaisir, disposant l'esprit (*Gemüt*) au sentiment esthétique de l'amour, amour du « beau » (naturel et artistique) – comme l'écrit J. Lachelier, « toute harmonie [et « finalité »] est un degré, si faible qu'il soit, de beauté »[162] –, le « beau » qui est toujours « sublime » et réciproquement[163], amour du « monde » pensé comme « création »[164]. Comme l'écrit A. Wylleman, « le jugement réfléchissant […] [fournit] [à Kant] […] une règle pour penser un univers conforme aux injonctions de la liberté »[165]. Ainsi, le jugement réfléchissant constituerait, en son essence, un état d'esprit à la fois ouvert à la phénoménalité, pensant et, comme tel, disposé à se sentir « [gouverné] intérieurement » par des « Idées éthiques »[166]. Ouvert à la phénoménalité, c'est-à-dire à la « [contingence] »[167] des phénomènes ; « pensant », en tant que l'ouverture à la phénoménalité favorise (voire constitue) la « pensée » (l'Idée esthétique « donne beaucoup à penser, sans que toutefois aucune pensée déterminée […] ne puisse lui être adéquate »[168]) : ainsi, le « génie » « requiert un pouvoir d'appréhender le jeu si fugace de l'imagination et de le synthétiser dans un *concept* [nous soulignons] qui se peut communiquer sans la contrainte des règles (un concept qui, précisément pour cette raison, est original […]) »[169], « concept original [*original Begriff*] » que M. Richir interprète dans le sens

---

[161] *Ibid.*, AK. V, 314, *o.c.*, p. 300.

[162] J. Lachelier, *Du fondement de l'induction*, Alcan, Paris, 1896, p. 83.

[163] Cf. notre ouvrage *Le problème kantien de l'éthique. Habiter le monde*, *o.c.*, p. 85, p. 88-89, p. 92-93.

[164] Kant, *CJ*, AK. V, 434, *o.c.*, p. 432.

[165] A. Wylleman, « L'homme et la création des valeurs », *Revue philosophique de Louvain*, volume 58, numéro 57, 1960, p. 89. Cf. notre ouvrage *Le problème kantien de l'éthique. Habiter le monde*, *o.c.*, p. 37 sq.

[166] Kant, *CJ*, AK. V, 235, *o.c.*, p. 215.

[167] *Ibid.*, AK. V, 217, *o.c.*, p. 108.

[168] *Ibid.*, AK. V, 314, *o.c.*, p. 300.

[169] *Ibid.*, AK. V, 317, *o.c.*, p. 304.

d'une « création de concept » (« du fait du débordement de tout concept (et de toute idée de la Raison) par l'idée esthétique ») propre à « l'art du génie »[170], tenant ainsi ce qu'il appelle « l'origine phénoménologique de la pensée » (« la pensée s'engendre, dans le jugement de goût, du sein même du phénomène en tant que phénomène, c'est-à-dire du phénomène en tant qu'il se phénoménalise »)[171]. La pensée « réfléchissante » se caractérise par sa « liberté ». S'agissant précisément de la réflexion esthétique, elle nous fait « [éprouver] notre liberté »[172], « liberté » d'une imagination qu'il faut penser, sur le mode du jugement réfléchissant, comme toujours déjà « réglée » par l'Idée morale (la « liberté » pratique)[173].

Ainsi, nul n'est plus à même de vivifier (au sens kantien du *Geist*[174]) l'« institution symbolique » (cf. *supra* I) que le jugement réfléchissant. En effet, alors que la pensée théorique peut se définir comme « activité dont l'auto-structuration [« *a priori* (les catégories) »] lui échappe toujours déjà » – « son autostructuration [...] [est] du même coup structuration des phénomènes en phénomènes objectifs d'une connaissance théorique » –, la pensée réfléchissante, dans la dimension « esthétique » (soit « subjective ») qui lui est, selon notre hypothèse, essentielle, « s'engendre [...] du sein même du phénomène [...] en tant qu'il se phénoménalise », ce « quasi sauvage [« le phénomène [...] rapporté immédiatement à sa phénoménalité »] » pouvant s'interpréter comme ce qui « constitue [...] la part de l'homme en droit antérieure à ce qui se réfléchit comme l'institution sociale »[175]. Ainsi, la pensée réfléchissante est de nature à questionner l'« institution

---

170 M. Richir, « L'origine phénoménologique de la pensée », *in La liberté de l'esprit*, n° 7, Balland, Paris, 1984, p. 97 et p. 99.

171 *Ibid.*, p. 72 et p. 74.

172 Kant, *CJ*, AK. V, 314, *o.c.*, p. 300.

173 Cf. notre ouvrage *Le problème kantien de l'éthique. Habiter le monde*, *o.c.*, p. 59 sq.

174 Kant, *CJ*, AK. V, 313, *o.c.*, p. 300.

175 M. Richir, « L'origine phénoménologique de la pensée », *La liberté de l'esprit*, *o.c.*, p. 64, p. 72 et p. 74.

symbolique » (cf. *supra* I), et ce, de par sa « liberté », soit son pouvoir de distanciation, sa « trans-cendantalité » (cf. *supra* ce II), mais aussi à la « vivifier » (cf. *infra* III) par la « création » (cf. *supra* ce II), donc à la préserver de ce que M. Richir pense comme la « « barbarie » » du « *Gestell* symbolique aveugle »[176].

Mais ne peut-on pas aller plus loin et soutenir que le réfléchissant constitue, en un sens, l'« institution symbolique » (cf. *supra* I) elle-même, participant ainsi de l'« instituant symbolique », suivant une expression de M. Richir[177] ? Selon cette hypothèse, le réfléchissant pourrait être pensé comme la « racine » du logique (ce que Kant, au demeurant, n'interdit pas de *penser*, puisque la « racine commune » des pouvoirs de l'esprit est « *inconnue* [nous soulignons] de nous »[178]). Conviendrait-il alors de penser l'*a priori* théorique (laissons de côté, pour le moment, l'*a priori* pratique) comme contingent, pour ainsi dire comme les « objets » que rencontre la faculté de juger réfléchissante et qu'elle pense selon le principe de finalité conçu comme « légalité du contingent »[179] ? L'essence transcendantale de la pensée théorique serait contingente, cette idée pouvant s'inscrire dans la perspective d'une « contingence irréductible de toute institution symbolique »[180]. Mais cette thèse est-elle critiquement soutenable ?

Certes, Kant pense une « contingence de l'essence de la connaissance »[181] (ainsi, la « raison pure [...] établit [...] des principes certains, non pas toutefois directement par concepts, mais toujours simplement de façon indirecte à travers la relation de ces concepts à quelque chose de tout à fait contingent, à savoir l'expérience possible »[182]) et une « contingence » de la constitution de notre esprit (*Gemüt*) (que l'on songe au

---

[176] M. Richir, *Phénoménologie et institution symbolique*, *o.c.*, p. 377.
[177] *Ibid.*, p. 94.
[178] Kant, *CRP*, AK. III, 46/IV, 25, *o.c.*, p. 113.
[179] Kant, *CJ*, AK. V, 217, *o.c.*, p. 108.
[180] M. Richir, *L'expérience du penser*, *o.c.*, p. 133.
[181] A. Philonenko, *L'œuvre de Kant*, tome I, Vrin, Paris, 2003, p. 122.
[182] Kant, *CRP*, AK. III, 482-483, *o.c.*, p. 618, cité par A. Philonenko, *L'œuvre de Kant*, tome I, *o.c.*, p. 122.

paragraphe 76 de la troisième *Critique*). Mais si le réfléchissant (au sens kantien) peut constituer l'*a priori* transcendantal théorique (kantien), ce n'est pas en tant que cet *a priori* serait contingent dans le sens d'un « *a priori* historique »[183].

On ne peut soutenir, en effet, que le transcendantal théorique kantien a comme « [point] de départ » le « système de Newton » qu'il « suppose constamment »[184]. L'*a priori* transcendantal kantien ne présuppose pas la science newtonienne, la « métaphysique de Kant » ne « s'est » pas « instruite sur la mécanique de Newton », contrairement à ce que soutient G. Bachelard[185]. Au contraire, l'*a priori* transcendantal constitue, du point de vue kantien, la « métaphysique de la nature »[186], laquelle fonde – d'où le « projet » du « passage »[187] – la physique de Newton.

De plus, le transcendantal au sens kantien est le propre d'une « raison absolue » (notion que G. Bachelard rejette[188]), d'un esprit (*Gemüt*) dont l'essence, dirions-nous, est « immuable », non « [soumise] au changement », c'est-à-dire est le temps même (et non pas *dans* le temps)[189]. Il ne s'agit donc pas de penser une « contingence » de l'*a priori* théorique, si cela doit signifier la négation de la notion de raison immuable, raison qui fonde la « nécessité » (de l'analytique) transcendantale (cf. *supra* I, 3).

---

[183] Cf. G. Bachelard, *La philosophie du non*, PUF, Paris, 1981, p. 145 ; G. Canguilhem, *Études d'histoire et de philosophie des sciences*, Vrin, Paris, 1994, p. 200 ; M. Foucault, *Les mots et les choses*, Gallimard, Paris, 1990, p. 171 ; J.-F. Braunstein, « Bachelard, Canguilhem, Foucault. Le « style français » en épistémologie », *Les philosophes et la science*, P. Wagner (sous la direction de), Gallimard, Paris, 2002.

[184] A. Berten, « F. Enriques, *La théorie de la connaissance scientifique de Kant à nos jours* », *Revue néo-scolastique de philosophie*, volume 43, numéro 65, 1940, p. 124.

[185] G. Bachelard, *La philosophie du non*, *o.c.*, p. 30.

[186] Kant, *CRP*, AK. III, 546, *o.c.*, p. 681-682.

[187] F. Marty, *in* Kant, *Opus postumum*, trad. F. Marty, PUF, Paris, 1986, p. 3 ; cf. Kant, *ibid.*, AK. XXI, 407-408, *o.c.*, p. 3-4.

[188] G. Bachelard, *La philosophie du non*, *o.c.*, p. 32.

[189] Kant, *CRP*, AK. III, 137/IV, 102, *o.c.*, p. 228.

La pensée de l'*a priori* transcendantal théorique doit être conçue comme « acquisition [...] *originaria* »[190], soit comme une « production »[191] « [spontanée] »[192] (ou « épigenèse », cf. *supra* ce II) qui s'articule au « principe [...] inné »[193] de la transcendantalité de l'esprit (*Gemüt*). Plus précisément, l'institution épigénétique de la structure *a priori* de l'esprit (*Gemüt*) doit être pensée, sur le mode du jugement réfléchissant (téléologique), comme fondée dans le « principe transcendantal »[194] (cf. *supra* ce II) d'une « finalité dans l'ordre que la cause suprême a mis en nous-mêmes et dans tout ce qui est en dehors de nous »[195]. Ainsi, l'institution épigénétique de l'*a priori* théorique se fonde dans le principe téléologique (esthétique – cf. *supra* ce II – et théologique, au sens kantien de la théologie morale, rationnelle) d'« harmonie » (*Harmonie*)[196], principe de la faculté de juger réfléchissante et, comme tel, contingent, c'est-à-dire « [procédant] uniquement de la constitution subjective »[197] de l'esprit (*Gemüt*), dirions-nous dans la perspective du paragraphe 76 de la troisième *Critique*. Le point de vue du « comme si » (*als wenn*) – « comme si la nature avait été organisée en vue de répondre à notre pouvoir de compréhension »[198] – serait donc celui de la faculté de juger réfléchissante, qui s'inscrit toujours dans l'usage pratique de la raison (soit dans ce qu'« exige réellement la morale »[199]). Par hypothèse, le réfléchissant, en sa contingence, fonderait la pensée qui constitue la détermination théorique (cf. *infra* ce II et III).

On peut d'ailleurs également reconnaître la contingence du réfléchissant au cœur de la critique pratique. « Le

---

190 Kant, *Réponse à Eberhard*, AK. VIII, 223, *o.c.*, p. 73.

191 Kant, *CJ*, AK. V, 423, *o.c.*, p. 420.

192 Kant, *CRP*, AK. III, 128, *o.c.*, p. 219.

193 Kant, *Réponse à Eberhard*, AK. VIII, 222, *o.c.*, p. 71.

194 Kant, *CJ*, AK. V, 181, *o.c.*, p. 160.

195 Kant, *Réponse à Eberhard*, AK. VIII, 250, *o.c.*, p. 107.

196 *Ibid.*, AK. VIII, 249, *o.c.*, p. 106.

197 Kant, *CJ*, AK. V, 403, *o.c.*, p. 399.

198 Kant, *Réponse à Eberhard*, AK. VIII, 250, *o.c.*, p. 107.

199 *Ibid.*

commandement moral, *factum* de la raison, a pour *telos* ultime le souverain bien. Laisser tomber l'objectif universel de la loi morale équivaudrait, dans l'esprit de Kant, à priver la raison de toute efficace et, finalement, de toute cohérence »[200]. Or, si cette Idée du souverain Bien est « nécessaire » en tant qu'elle est « [exigée] » par la « proposition fondamentale de la moralité »[201], la « [représentation] » de cette « proposition » « procède » elle-même de « la constitution subjective de notre pouvoir pratique »[202]. Si donc l'« [expression] » de la « nécessité morale » « par un devoir-être »[203] est contingente, est également contingente (la pensée de ce qui en procède, soit) l'Idée de la « fin ultime », c'est-à-dire « le Souverain Bien à promouvoir dans le monde, fin dont la possibilité est complétée par les idées de Dieu, de l'immortalité et par la confiance dictée par la moralité elle-même en le succès de ce dessein »[204] (cf. *infra* ce II).

Mais revenons à présent plus précisément au domaine théorique. Si notre hypothèse est juste, le réfléchissant ne serait pas seulement « un heureux surcroît aux conquêtes du jugement déterminant », et ce, en tant qu'il est ce jugement « par lequel les lois élémentaires établies au niveau du jugement déterminant se laissent grouper « architectoniquement » en des systèmes »[205]. Il serait toujours aussi (et déjà), en tant que jugement téléologique *et* esthétique (cf. *supra* ce II), la fondation transcendantale la plus originaire de la pensée de l'expérience possible. Ainsi, J. Lachelier écrit que « l'existence abstraite, qui consiste dans la nécessité mécanique, a besoin elle-même de trouver un point d'appui dans l'existence concrète, qui n'appartient qu'à l'ordre des fins […] [La] finalité est, dans tous les phénomènes, le

---

200 J. Grondin, *Kant et le problème de la philosophie : l'a priori*, *o.c.*, p. 99.

201 Kant, *CRPr*, AK. V, 132, *o.c.*, p. 259.

202 Kant, *CJ*, AK. V, 403, *o.c.*, p. 399.

203 *Ibid.*

204 Kant, *Les progrès de la métaphysique*, AK. XX, 300, trad. A. Grandjean, GF Flammarion, Paris, 2013, p. 135.

205 J. Beaufret, *Notes sur la philosophie en France au XIX*e *siècle*, Vrin, Paris, 1984, p. 36 et 35.

ressort caché du mécanisme »[206]. La « contingence » (soit le « surcroît »)[207] serait donc « point d'appui » (cf. *supra*) du transcendantalisme théorique (ce qu'il faut entendre, toutefois, sur le mode du jugement réfléchissant). La détermination transcendantale de la nature (ou « philosophie transcendantale »[208]) ne pourrait, dès lors, se concevoir que dans la perspective fondationnelle réfléchissante (*telos*) d'une contingence.

Il s'agit par là non pas de contester la dimension déterminante et nécessaire des *a priori* théoriques, soit « le statut constitutif et nécessaire que [...] [Kant] [accorde] aux principes *a priori* de la nature »[209], mais de penser que la détermination « se décide » en quelque manière sur le mode du jugement réfléchissant. Certes, cette « nécessité », qui est celle de l'essence transcendantale de notre esprit (*Gemüt*), s'impose rationnellement à tout « sujet » en tant que tel et, en l'occurrence, au « sujet » qui entend fonder la possibilité (des objets) de l'expérience (cf. *supra* I, 3). En outre, Kant conteste par avance l'idée que son « concept de raison » puisse être tenu pour une « invention philosophique » (ce que soutient E. Tugendhat[210]), et ce, en tant qu'il pense une « nature »[211] de la raison et un « rationalisme normatif », ce que nous définissons, en suivant S. Chauvier, comme la thèse selon laquelle il existe des « [contenus] » « intrinsèquement [normatifs] », une « normativité intrinsèque » que « la raison peut connaître ou reconnaître »[212].

---

[206] J. Lachelier, *Du fondement de l'induction*, *o.c.*, p. 83 et p. 91.

[207] J. Beaufret, *Notes sur la philosophie en France au XIXe siècle*, *o.c.*, p. 36.

[208] Kant, *CRP*, AK. III, 546, *o.c.*, p. 682.

[209] A. Boyer, *Hors du temps*, Vrin, Paris, 2001, p. 75.

[210] E. Tugendhat, *Conférences sur l'éthique*, trad. M.-N. Ryan, PUF, Paris, 1998, p. 39.

[211] Kant, *CRP*, AK. III, 251. *o.c.*, p. 348 ; III, 254, *o.c.*, p. 350 ; III, 442, *o.c.*, p. 575.

[212] S. Chauvier, « Un décisionnisme épistémologique est-il possible ? », *La reconstruction de la raison. Dialogues avec Jacques Bouveresse*, C. Tiercelin (sous la direction de), Collège de France, 2014 ; http://www.openedition.org/6540.

Mais ce « rationalisme normatif » (théorique et pratique) se fonde dans l'« héautonomie »[213], dans le décisionnisme d'une pensée qui s'institue comme Idée du « sens commun » (cf. *infra* III), Idée à concevoir « pour ainsi dire comme si elle résultait d'un contrat originaire dicté par l'humanité elle-même »[214]. Plus précisément, il y a lieu de concilier, chez Kant, un « rationalisme normatif » (cf. *supra* ce II) et l'Idée d'un décisionnisme (épigénétique) transcendantal, décisionnisme de la *pensée*, comme tel non arbitraire, qui rend possible la constitution de la (métaphysique de la) nature (« [l']ordre et la régularité, c'est [...] nous-mêmes qui les introduisons dans les phénomènes que nous appelons nature, et nous ne pourrions les y trouver si nous ou la nature de notre esprit [*Gemüt*] ne les y avaient mis originairement »[215]), plus largement, la Critique elle-même (« qui tire toutes ses décisions des règles fondamentales de sa propre instauration »[216]), étant ainsi ce qui fonde le passage à la détermination (soit la constitution des *a priori* théorique et pratique, à concevoir comme « [désenveloppement] »[217] « épigénétique »[218], donc la constitution de la « réflexion transcendantale »[219]). C'est-à-dire que la pensée (réfléchissante) décide (tel est le sens de l'épigenèse) de ce qui doit de toute façon être désenveloppé (conformément à l'essence de l'esprit (*Gemüt*)) et de ce qui doit, s'il y a lieu, être reconnu comme nécessaire. L'*a priori* transcendantal est donc nécessaire au sens où l'esprit (*Gemüt*), en sa liberté épigénétique articulée au désenveloppement architectonique, le reconnaît (soit l'institue) comme tel. Ainsi, le décisionnisme transcendantal, dans lequel nous reconnaissons la fondation réfléchissante du « rationalisme normatif » (cf. *supra* ce II), serait, dans le domaine théorique, le

---

213 Kant, *CJ*, AK. XX, 225, *o.c.*, p. 115, et AK. V, 185, *o.c.*, p. 165.
214 *Ibid.*, AK. V, 297, *o.c.*, p. 282.
215 Kant, *CRP*, AK. IV, 92, *o.c.*, p. 194.
216 *Ibid.*, AK. III, 491, *o.c.*, p. 627.
217 *Ibid.*, AK. III, 540, *o.c.*, p. 676.
218 *Ibid.*, AK. III, 128, *o.c.*, p. 218.
219 *Ibid.*, AK. III, 215/IV, 169, *o.c.*, p. 310.

pouvoir et le « [devoir] » de « décider [...] de la possibilité même du vrai comme « accord » de la connaissance avec son objet »[220].

Certes, il semble que la pensée théorique et pratique dans les deux premières Critiques soit déterminée par l'« institution symbolique » (cf. *supra* I). Kant « [trouve] » les « titres » de la « fonction logique de l'entendement dans les jugements »[221] et tout se passe comme s'il « [reprenait] » les « idées fondamentales du système de Newton [...] pour en faire, par une élaboration nouvelle, des éléments de son système »[222]. De même, la loi morale « s'impose à [lui] par elle-même » comme « fait de la raison »[223] et tout se passe comme s'il « [prenait] pour point de départ [de sa critique pratique] une idée toute religieuse que lui suggérait son éducation protestante, et qui ne paraît innée que parce qu'elle est consacrée par un grand nombre de générations »[224].

Mais, à la vérité, soutenir ce point de vue, ce serait nier le sens même du projet « scientifique »[225] de l'architectonique criticiste. De plus, ce serait perdre de vue l'autonomie de la pensée à l'œuvre dans les deux premières Critiques, autonomie toujours déjà « fondée » dans la « liberté » (cf. *supra* ce II) du jugement réfléchissant, dans son « héautonomie »[226].

Que la « pensée » (critique) soit, le plus originairement, réfléchissante, cela signifie sa « liberté » (cf. *supra* ce II, *infra* ce II et III) par rapport à l'« institution » (au sens de M. Richir, cf. *supra* I). Si, en effet, le jugement réfléchissant est, par

---

220 B. Han, *L'ontologie manquée de Michel Foucault*, Millon, Grenoble, 1998, p. 75. Sur la « vérité » comme « [accord] avec l'objet », cf. Kant, *CRP*, AK. III, 145/IV, 110, *o.c.*, p. 236.

221 Kant, *CRP*, AK. III, 86/IV, 59, *o.c.*, p. 156-157.

222 A. Berten, « F. Enriques, La théorie de la connaissance scientifique de Kant à nos jours », *o.c.*, p. 124.

223 Kant, *CRPr*, AK. V, 31, *o.c.*, p. 127.

224 V. Brochard, *Études de philosophie ancienne et de philosophie moderne*, Vrin, Paris, 1974, p. 498.

225 Kant, *CRP*, AK. III, 539, *o.c.*, p. 674.

226 Kant, *CJ*, AK. XX, 225, *o.c.*, p. 115, et AK. V, 185, *o.c.*, p. 165.

essence, esthétique (cf. *supra* ce II), il doit être pensé comme « liberté » et, plus précisément, « liberté » par rapport au temps. Ainsi, « [nous] nous attardons [*weilen*], écrit Kant, dans la contemplation du beau »[227]. Cette « *Weile* de la *Verweilung* »[228] est une expérience du temps qui, comme la détemporalisation sublime[229], témoigne de la capacité de l'esprit (*Gemüt*), ici à « [suspendre le] temps »[230], là à « appliquer au sens interne une violence »[231]. Or, cette même capacité est, selon nous, à l'œuvre dans l'*épochè* comme pouvoir de la pensée. « Littéralement, écrit N. Depraz, l'*épochè* correspond à un geste de suspension du cours habituel des pensées par interruption de leur flux continu »[232]. Plus précisément, cette expérience réfléchissante (esthétique) de la liberté et du temps, mieux, cette expérience du temps comme liberté[233] manifesterait un pouvoir transcendantal de la pensée, pouvoir qui s'exerce dans la philosophie critique sous la forme, du moins est-ce ainsi que nous proposons de la concevoir, d'une « mise-hors-jeu de toute validité conférée au monde [au sens husserlien] »[234]. Soutenir, en suivant J.-F. Lyotard, que « l'esthétique [kantienne] a lieu « avant » le clivage objet/sujet »[235] ou, en suivant G. Dufour-Kowalska,

---

[227] *Ibid.*, AK. V, 222, *o.c.*, p. 201.

[228] E. Escoubas, « Kant ou la simplicité du sublime », *Du Sublime*, Belin, Paris, 1988, p. 83. Cf. notre ouvrage *Le problème kantien de l'éthique. Habiter le monde*, *o.c.*, p. 73 sq.

[229] Cf. notre ouvrage *Le problème kantien de l'éthique. Habiter le monde*, *o.c.*, p. 77 sq.

[230] E. Escoubas, « Kant ou la simplicité du sublime », *o.c.*, p. 83.

[231] Kant, *CJ*, AK. V, 259, *o.c.*, p. 241.

[232] N. Depraz, « La réduction phénoménologique comme *praxis* », *L'Enseignement philosophique*, 51e année, numéro 2, novembre-décembre 2000, p. 42.

[233] Cf. notre ouvrage *Le problème kantien de l'éthique. Habiter le monde*, *o.c.*, p. 73-83.

[234] N. Depraz, « La réduction phénoménologique comme *praxis* », *o.c.*, p. 42.

[235] J.-F. Lyotard, « Argumentation et présentation : la crise des fondements », *Encyclopédie philosophique universelle*, volume 1, A. Jacob (sous la direction de), PUF, Paris, 1989, p. 743, cité *in Esthétique et philosophie de l'art*, T. Lenain (*et alii*), De Boeck, Bruxelles, 2002, p. 191.

qu'elle « nous achemine vers l'être du sujet […] par […] l'exclusion de l'objectivité »[236], n'est-ce pas souligner la rupture de l'« esthétique » avec toute objectivité « instituée » (cf. *supra* I), soit avec ce qui relève de ce que Husserl pense comme le « monde-ambiant de la vie accepté d'avance comme une évidence »[237] ? Si donc la réflexion transcendantale constitutive de la critique théorique et pratique est originairement « réfléchissante » (au sens esthétique), cela ne signifie-t-il pas qu'elle s'institue (et se maintient) originairement comme *épochè* (au sens qui vient d'être précisé) ? Par là pourrait s'amorcer une critique de la critique husserlienne de Kant[238]… Nous reviendrons sur l'idée d'une « conversion du regard », pour reprendre une expression de N. Depraz[239], idée propre à mettre au jour l'essence de la pensée (philosophique) (cf. *infra* III).

Par ailleurs, dans la troisième *Critique*, l'esprit (*Gemüt*) est confronté à un donné « pour lequel l'universel doit être trouvé »[240]. Ainsi, l'esprit « doit rechercher, écrit M. Richir, le concept qui puisse s'accorder à cette contingence »[241]. Or, pourquoi ne pas considérer les phénomènes naturels (au sens de la première *Critique*) comme le jugement réfléchissant considère le beau ou le vivant ? Certes, on peut penser que « les phénomènes qui relèvent de la finalité présentent (au minimum) une analogie avec des êtres libres »[242] et que, au contraire, l'« unité de la nature », selon l'usage théorique de la raison, « doit être une unité nécessaire […] de la liaison des

[236] G. Dufour-Kowalska, *De Kant à Michel Henry*, Vrin, Paris, 1996, p. 128.

[237] E. Husserl, *La crise des sciences européennes et la phénoménologie transcendantale,* trad. G. Granel, Gallimard, Paris, 1995, p. 117.

[238] Cf. Husserl, *La crise des sciences européennes et la phénoménologie transcendantale*, *o.c.*, p. 117 sq., et E. Fink, *De la phénoménologie*, trad. D. Franck, Minuit, Paris, 1974, p. 118-119 et p. 123-124.

[239] N. Depraz, « La réduction phénoménologique comme *praxis* », *o.c.*, p. 41.

[240] Kant, *CJ*, AK. V, 179, *o.c.*, p. 158.

[241] M. Richir, *La crise du sens et la phénoménologie*, *o.c.*, p. 83.

[242] Cf. A. Renaut, *Kant aujourd'hui*, Flammarion, Paris, 1999, p. 422 ; « l'idée de finalité renvoie […] toujours à celle d'action intentionnelle, au sens, par exemple, où l'organisme biologique, lorsqu'il s'adapte à son milieu, agit comme s'il […] agissait librement (par décision consciente) », *ibid.*

phénomènes »[243], cette « loi universelle de la nécessité de la nature » s'opposant à l'Idée d'une « causalité par liberté »[244] et à l'Idée, analogue (au sens qui vient d'être précisé), de finalité. Toutefois, l'Idée d'une « connaissance expérimentale en général » s'articule à l'Idée d'une « connaissance expérimentale de la nature sous ses lois diverses *particulières* », donc à l'Idée d'une « finalité dans l'ordre » de la nature « en nous-mêmes » et « en dehors de nous »[245]. Or, cette Idée, dans l'écrit de 1790 cité ici, n'est autre que celle d'une « harmonie » à entendre au sens de la théologie rationnelle et sur le mode du jugement réfléchissant (cf. *supra* ce II). En outre, n'est-ce pas le principe *réfléchissant* de finalité qui est requis, lorsqu'il s'agit de considérer le phénomène naturel (au sens de la première *Critique*) dans la *contingence* de ses « niveaux d'expérience » (ce qui pose la question de l'« échelle physique »), l'idée étant que « les phénomènes naturels sont relatifs à un certain ordre de mesure »[246] ? Précisément, la question est de savoir comment Kant aurait pensé la table des catégories, s'il avait été confronté aux phénomènes de la physique non-newtonienne.

*

En toute hypothèse, Kant ne serait pas « [parti] [comme G. Bachelard] des sciences concrètes, du phénomène de ces sciences »[247], pour réformer sa table des catégories, l'« ouvrir » au sens de la « philosophie ouverte »[248], du « rationalisme » « [ouvert] »[249] de G. Bachelard. Il se serait opposé à la thèse selon laquelle « l'esprit doit se plier aux conditions du savoir »,

---

243 Kant, *CRP*, AK. IV, 92, *o.c.*, p. 194.

244 *Ibid.*, AK. III, 366, *o.c.*, p. 498.

245 Kant, *Réponse à Eberhard*, AK. VIII, 250, *o.c.*, p. 106-107.

246 J. Vuillemin, *Physique et métaphysique kantiennes*, PUF, Paris, 1987, p. 360 et p. 192.

247 J. Hyppolite, *Figures de la pensée philosophique*, t. II, PUF, Paris, 1971, p. 668, cité par J.-F. Braunstein, « Bachelard, Canguilhem, Foucault. Le « style français » en épistémologie », *Les philosophes et la science*, P. Wagner (sous la direction de), *o.c.*

248 G. Bachelard, *La philosophie du non*, *o.c.*, p. 7.

249 G. Bachelard, *Le nouvel esprit scientifique*, PUF, Paris, 1984, p. 24.

« doit créer en lui une structure correspondant à la structure du savoir »[250]. Jamais son « épistémologie » ne serait devenue cette « authentique phénoménologie des sciences de la nature » au sens où J. Hyppolite l'entend à propos de la philosophie de G. Bachelard[251].

Aurait-il donc « postulé l'applicabilité illimitée des mêmes formes *a priori*, garantissant ainsi la possibilité d'un passage continu d'un niveau de description à l'autre »[252] ? Aurait-il considéré, avec H. Poincaré, que « la probabilité, quand elle s'introduit à la place du déterminisme dans les théories de la Physique, provient toujours de l'ignorance ou de la méconnaissance d'un déterminisme caché »[253] ? Aurait-il pensé que la science non-newtonienne se fonde toujours déjà dans une table spécifique des catégories, analogue aux reprises transformantes de la table des catégories théoriques mises en œuvre pour fonder transcendantalement la philosophie pratique (« catégories de la liberté »[254]) ou l'esthétique (catégories propres au beau et au sublime) ? Qu'aurait-il pensé du jugement de la « philosophie des sciences contemporaines » selon lequel « rien [dans la physique contemporaine] n'est valide *a priori* »[255] ?

Dans la première *Critique*, à propos du « principe transcendantal » selon lequel, « dans le divers d'une expérience possible, une dimension d'homogénéité est nécessairement présupposée », Kant soutient que nous ne « [pouvons] déterminer *a priori* le degré [de cette homogénéité] »[256]. Qu'en serait-il donc

---

250 G. Bachelard, *La philosophie du non*, *o.c.*, p. 144.

251 J. Hyppolite, *Figures de la pensée philosophique*, t. II, *o.c.*, p. 668, cité par J.-F. Braunstein, « Bachelard, Canguilhem, Foucault. Le « style français » en épistémologie », *Les philosophes et la science*, P. Wagner (sous la direction de), *o.c.*

252 L. Soler, *in* G. Hermann, *Les fondements philosophiques de la mécanique quantique*, Postface, Vrin, Paris, 1996, p. 167.

253 L. de Broglie, « Henri Poincaré et les théories de la Physique », *Bulletin de la Sabix*, [En ligne], 51/2012. URL : http://sabix.revues.org/1163.

254 Kant, *CRPr*, AK. V, 66, *o.c.*, p. 173.

255 A. Boyer, *Hors du temps*, *o.c.*, p. 75.

256 Kant, *CRP*, AK. III, 433, *o.c.*, p. 566.

à l'échelle de la microphysique ? Ainsi, concernant les catégories, Kant n'« aurait[-il pas] [...] à la rigueur admis l'éventualité [...] [qu'elles] puissent cesser de s'appliquer à certaines échelles, stoppant net la marche de la connaissance »[257] ? « Rien en tout cas, soutient L. Soler, au sein du système kantien, ne semble radicalement interdire une telle éventualité »[258].

Précisons qu'il est possible de penser, dans le criticisme, la logique transcendantale comme fondation d'une « physique » dont l'« objet [...] a gardé une spécificité », « la spécificité de la localisation géométrique euclidienne »[259], et ce, au sens où une spécificité autre, au dire même de Kant, n'est pas contradictoire (cf. *infra* ce II).

Le philosophe criticiste, au clair sur la finitude de l'esprit (*Gemüt*), reconnaît que la « distinction » entre « possibilité et effectivité des choses » « procède uniquement de la constitution subjective »[260] de notre pouvoir de connaître. Il soutient que la transcendantalité de notre esprit (*Gemüt*), soit le fait de « pouvoir se rapporter [...] *a priori* à des objets de l'expérience »[261], avec *cet a priori*, qui est « ainsi et non pas autrement »[262], est purement contingente. Non que le rationalisme criticiste accepte l'idée d'une « réaction des connaissances scientifiques sur la structure spirituelle »[263], mais les *a priori* transcendantaux sont institués, selon notre hypothèse, par une « réflexion » épigénétique qui, en sa contingence, ne doit rien à l'arbitraire (cf. *supra* ce II), soit par la faculté de juger réfléchissante comme origine du décisionnisme rationnel (cf. *supra* ce II). En outre, si, à l'échelle de la physique newtonienne, la structure

---

257 L. Soler, *in* G. Hermann, *Les fondements philosophiques de la mécanique quantique*, Postface, *o.c.*, p. 167.
258 *Ibid.*
259 Cf. G. Bachelard, *La philosophie du non*, *o.c.*, p. 107.
260 Kant, *CJ*, AK. V, 401-403, *o.c.*, p. 397-399.
261 Kant, *CRP*, AK. III, 78/IV, 51, *o.c.*, p. 147.
262 Kant, *CJ*, AK. V, 365, *o.c.*, p. 356 ; cf. également *CRP*, AK. III, 116, *o.c.*, p. 206.
263 G. Bachelard, *La philosophie du non*, *o.c.*, p. 7.

transcendantale est constituante au sens d'une détermination nécessaire, cela même qui fonde épigénétiquement son « [désenveloppement] »[264], soit le jugement réfléchissant, est ouvert à la recherche. Dès lors, s'agissant de la transcendantalité de l'esprit (*Gemüt*), le jugement réfléchissant ne pourrait-il pas « décider », s'il y a lieu, de (chercher à) « désenvelopper » (cf. *supra* ce II) une dimension transcendantale par hypothèse « [cachée] », « encore à l'état [...] enveloppé »[265] ? Le jugement réfléchissant pourrait ainsi chercher quel *a priori* transcendantal (au sens de l'épistémologie kantienne) est de nature à (penser et à) fonder (les phénomènes de) la microphysique, la question étant de savoir si une telle recherche peut fonder une décision épigénétique déterminante (cf. *supra* ce II) à l'échelle de la microphysique...

En toute hypothèse, le philosophe criticiste prendrait conscience non seulement de la contingence de la constitution de son esprit (*Gemüt*), mais encore de la contingence des phénomènes naturels, qui peuvent être saisis à des échelles diverses (cf. *supra* ce II). Il prendrait donc conscience de la « [relativité] »[266] des phénomènes de la microphysique, ce qui serait d'autant plus aisé qu'il conçoit déjà l'« expérience possible » au sens de la première *Critique* comme « [contingente] »[267].

Certes, « la table [des catégories] [...] contient de façon complète tous les concepts élémentaires de l'entendement », Kant précisant qu'il « [analyse] [...] ces concepts jusqu'au point qui suffit relativement à la méthodologie dont [il poursuit] l'élaboration », ce qui s'inscrit dans son « projet essentiel »[268], qui est, précisons-le, de l'ordre du « concept cosmique »[269] de la

[264] Kant, *CRP*, AK. III, 540, *o.c.*, p. 676.
[265] *Ibid.*, AK. III, 539-540, *o.c.*, p. 675-676.
[266] G. Bachelard, *La philosophie du non*, *o.c.*, p. 107.
[267] Kant, *CRP*, AK. III, 483, *o.c.*, p. 618.
[268] *Ibid.*, AK. III, 94-95, *o.c.*, p. 165.
[269] *Ibid.*, AK. III, 542, *o.c.*, p. 678.

philosophie, laquelle alors « s'appelle morale »[270]. Mais rien n'interdit de penser qu'une faculté de juger réfléchissante, confrontée à l'hypothèse de phénomènes d'une « spécificité »[271] autre que celle des phénomènes au sens de la première *Critique* (cf. *supra* ce II), puisse (et doive) chercher d'autres manières de concevoir les catégories. Soulignons-le de nouveau, penser la possibilité d'un « désenveloppement » « épigénétique » (cf. *supra* ce II) du transcendantalisme théorique élargi à l'idée d'une géométrie non-euclidienne et d'une physique non-newtonienne (pensée légitime, pour autant qu'elle s'inscrive dans le projet philosophique, cf. *supra* ce II) – précisons, à propos de la géométrie non-euclidienne, que, pour Kant, le « concept d'une figure comprise entre deux lignes droites » n'est pas contradictoire, mais impossible à « [construire] dans l'espace »[272] –, cette pensée, disons-nous, ne signifie en rien que le transcendantal soit révisable en fonction de l'histoire des sciences, car cela reviendrait à admettre une historicité de l'*a priori* (cf. *supra* ce II), ce que rejette l'Idée kantienne d'un « rationalisme normatif » (cf. *supra* ce II). Ce que Kant admet, c'est l'idée d'une « histoire de la raison »[273], soit l'idée d'une historicité – c'est-à-dire d'une « temporalisation » – de la *pensée* du transcendantal comme « liberté », soit aussi l'idée d'une histoire de la recherche ayant conduit à la philosophie critique[274], la recherche sur la « vérité » transcendantale de l'esprit (*Gemüt*) étant, selon nous, appelée, dans la perspective criticiste réfléchissante, à se poursuivre indéfiniment (cf. *infra* III *in fine*).

Que le réfléchissant soit un mouvement de recherche, cela doit s'entendre dans le sens où l'homme n'en a jamais fini de s'interroger sur lui-même, ce qui vaut dans les domaines

[270] *Ibid.*, AK. III, 543, *o.c.*, p. 679.
[271] G. Bachelard, *La philosophie du non*, *o.c.*, p. 107.
[272] Kant, *CRP*, AK. III, 187/IV, 146, *o.c.*, p. 278.
[273] *Ibid.*, AK. III, 550, *o.c.*, p. 685.
[274] Cf. notre ouvrage *Penser la liberté et le temps avec Kant. La fondation morale de l'existence*, *o.c.*, chapitre III.

théorique (« pourquoi faire de la science ? »[275] ; qu'en est-il de l'Idée du transcendantal à d'autres échelles que celle de l'expérience possible au sens de la première *Critique* ?) et pratique.

Ainsi, dans le domaine pratique, l'*a priori* transcendantal, soit la « liberté » comme « [condition] *a priori* » de la « morale » (cf. *supra* I, O. Höffe, note 28), n'est certes pas révisable. Mais la pensée de cet *a priori*, comme visée de l'Idée pratique de Dieu en tant qu'elle fonde l'Idée de raison[276], soit l'Idée même d'humanité, cette pensée, disons-nous, est un travail, réfléchissant, de recherche d'un universel toujours à « [trouver] »[277], c'est-à-dire jamais totalement déterminé, à la vérité indéterminable, lui qui est une « tâche [*Aufgabe*] de notre raison pratique »[278]. Cet universel doit être conçu comme l'Idée d'une fondation « absolue » de l'humanité, l'Idée de Dieu étant la condition transcendantale du sens même de l'Idée d'« absolu ». Ce travail de pensée est incessamment problématisant. Comment penser l'Idée de Dieu ? Comment penser l'Idée d'une théologie « rationnelle » (étant entendu que l'*a priori* pratique n'est pas historique au sens où il serait fondé dans l'« institution » (cf. *supra* I) religieuse : c'est l'Idée de la « théologie morale », c'est-à-dire « rationnelle » (au sens kantien), qui fonde, selon l'usage pratique de la raison, (l'Idée de) la morale et qui doit fonder l'interprétation des Saintes Écritures) ? « [Quelle] peut être la religion » de cette « théologie de la pensée »[279] ? Que peut signifier l'idée d'une « pensée

[275] B. Rousset, *in* F. Marty, « L'*Opus postumum* kantien, une quatrième Critique ? », *Bulletin de la Société française de Philosophie*, Séance du 23 avril 1988, Colin, Paris, 1988, p. 143.

[276] Cf. nos ouvrages *Penser la liberté et le temps avec Kant. La fondation morale de l'existence*, *o.c.*, p. 145 ; *Penser la politique avec Kant. La fondation morale de la république*, *o.c.*, p. 68-70 ; *Philosophie et existence. Qu'est-ce que l'homme ?*, *o.c.*, chapitre VI.

[277] Kant, *CJ*, AK. V, 179, *o.c.*, p. 158.

[278] Kant, *La religion dans les limites de la simple raison*, AK. VI, 139, trad. J. Gibelin, revue par M. Naar, Vrin, Paris, 1983, p. 163.

[279] H. Marzolf, « L'athéisme philosophique de la théologie de l'*Opus postumum* », *in Kant anti-kantien*, J. Robelin (éd.), *o.c.*, p. 62.

postchrétienne »[280] ? Peut-on parler, chez Kant, d'une « théologie athée », d'une « théologie du divin sans Dieu », d'une « théologie purement conceptuelle, idéelle »[281], au sens où Kant se demande « [si] la religion sans la présupposition de l'existence de Dieu est possible » et où il écrit : « On peut jurer par Dieu sans accorder son existence »[282] ? Que veut dire Kant, quand il écrit : « Religion signifie appel à la conscience [...] La sainteté de l'engagement et la véracité de ce que l'homme doit confesser devant lui-même [...] Pour cela, ne sont requis ni le concept de Dieu, ni moins encore le postulat : « il y a un Dieu » »[283] ? Que signifie une telle « attitude de conscience »[284] ? Autant de questions qui engagent l'Idée de l'être humain et qui requièrent une « réflexion » (au sens du réfléchissant) marquée, comme telle, par la finitude, c'est-à-dire le devoir (moral) de *penser*.

*

A la vérité, l'Idée de « réflexion » (au sens du réfléchissant) est une condition transcendantale de la pensée et du langage (comme « meilleur mode de désignation de la pensée »[285]). En effet, nous avons montré ailleurs[286] en quel sens peut se concevoir chez Kant une fondation « symbolique » de la pensée et du langage, et ce, dans la fonction schématisante elle-même, cette « fondation » devant s'entendre sur le mode du jugement réfléchissant, jugement dans lequel s'inscrit la démarche « symbolique ».

---

[280] J. Habermas, *Entre naturalisme et religion*, trad. C. Bouchindhomme et A. Dupeyrix, Gallimard, Paris, 2008, p. 12.

[281] H. Marzolf, « L'athéisme philosophique de la théologie de l'*Opus postumum* », *in Kant anti-kantien*, J. Robelin (éd.), *o.c.*, p. 62.

[282] Kant, *Opus postumum*, AK. XXII, 130, *o.c.*, p. 181 et AK. XXI, 153, *o.c.*, p. 256, cité par H. Marzolf, « L'athéisme philosophique de la théologie de l'*Opus postumum* », *o.c.*, p. 62.

[283] *Ibid.*, AK. XXI, 81, cité par F. Marty, *o.c.*, note 602, p. 358.

[284] *Ibid.*, AK. XXI, 153, *o.c.*, p. 256.

[285] Kant, *Anthropologie du point de vue pragmatique*, AK. VII, 192, *o.c.*, p. 144.

[286] Cf. nos ouvrages *Kant et la fondation architectonique de l'existence*, L'Harmattan, Paris, 2011, p. 26-29 sq., et *Penser la liberté et le temps avec Kant. La fondation morale de l'existence*, *o.c.*, p. 49-74 sq.

Cette dimension réfléchissante, essentielle à la pensée, il est possible de la reconnaître au cœur du transcendantalisme théorique, soit dans (et dès) le « schématisme de l'entendement pur »[287].

Ainsi, dans la schématisation spatiale, l'intuition sensible comme image, c'est-à-dire comme produit d'une synthèse, se dévoile dans sa constitution même, soit dans le rapport du pouvoir de penser à ce que l'Esthétique transcendantale nomme le divers du phénomène, lequel est toujours déjà reçu dans la forme pure de l'intuition externe, forme qui, dans la fonction schématisante, est transformée, se manifestant alors comme « image pure » (*reine Bild*) (l'« image pure » qu'est l'espace « présente toutes les grandeurs (*quantorum*) au sens externe »)[288]. Cette « image pure » est l'« image-schème »[289], le « schème », dirions-nous (cf. *infra* ce II), qui fonde la possibilité pour l'esprit (*Gemüt*) de « se donner quelque chose »[290] dans l'espace.

L'« image pure » du temps, quant à elle, « présente » « *tous* [nous soulignons] les objets des sens en général »[291], phénomènes externes et internes. La « présentation » à laquelle œuvre l'image pure du temps est un « mode intuitif de représentation »[292], constituant la « vue » (cf. *infra* ce II) qu'a l'esprit (*Gemüt*) de ce qui se produit dans le sens interne comme « réfléchir » propre à l'effectivité du penser (« penser, écrit Kant, inclut un réfléchir qui, lui-même, ne peut se produire que dans le temps »)[293]. Selon notre hypothèse, cette « vue » se fonde dans la « vue » que l'esprit (*Gemüt*) a de lui-même en son auto-affection transcendantale, c'est-à-dire en tant qu'il est « affecté par sa propre activité »[294]. Pour que l'esprit (*Gemüt*) puisse « voir » ses

---

[287] Kant, *CRP*, AK. III, 135/IV, 100, *o.c.*, p. 225.
[288] Kant, *CRP*, AK. III, 137/IV, 102, *o.c.*, p. 227.
[289] Heidegger, *Kant et le problème de la métaphysique*, *o.c.*, p. 161.
[290] J. Benoist, *Kant et les limites de la synthèse*, PUF, Paris, 1996, p. 212.
[291] Kant, *CRP*, AK. III, 137/IV, 102, *o.c.*, p. 227.
[292] Kant, *CJ*, AK. V, 351, *o.c.*, p. 340.
[293] Kant, *La fin de toutes choses*, AK. VIII, 334, trad. F. Proust, GF Flammarion, Paris, 1994, p. 117.
[294] Kant, *CRP*, AK. III, 70, *o.c.*, p. 138.

contenus, il doit donc « voir » la « réflexion » (au sens, qui vient d'être précisé, du « réfléchir ») de sa propre « activité » (cf. *supra* ce II), soit se « donner » à lui-même – puisqu'il y a auto-affection – sa propre « image », qui est l'« image pure » du temps, « image » originaire, purement transcendantale. Dès lors, ce que J. Benoist conçoit comme « l'« imagéité » de l'image », ce qui pose le problème de la « possibilité » pour l'esprit (*Gemüt*) de « se donner quelque chose »[295], se fonde dans l'auto-affection de l'esprit, l'auto-affection étant la condition transcendantale de toute donation.

Ainsi, l'« image pure » qu'est le temps, le temps saisi à la racine la plus originaire du schématisme de l'entendement pur (que l'« image pure » soit définie antérieurement aux schèmes des catégories[296], cela marque, selon notre hypothèse, son antécédence transcendantale, cf. *infra* ce II), l'« image pure » du temps, disons-nous, est la condition sensible purement transcendantale à laquelle se rapporte le plus originairement l'entendement pour produire une représentation.

En vérité, l'« image pure » du temps n'est autre que le tracer de soi que l'esprit (*Gemüt*) produit en son auto-affection transcendantale, tracer le plus originaire d'une effectivité qui « se réfléchit »[297] dans le sens interne, tracer sans lequel aucune pensée ni aucun monde ne seraient possibles, puisque toute pensée et le monde même s'inscrivent dans ce tracer du temps (et de l'espace) qui fonde le plus originairement toute (auto-) position de l'être.

Ce tracer le plus originaire, au niveau du schématisme de l'entendement pur, de toute constitution d'une « signification »[298], à savoir l'« image pure » du temps, est donc aussi le Signe (du) transcendantal, soit cela même qui manifeste le rapport de l'esprit (*Gemüt*) à lui-même dans l'auto-affection propre à la fonction schématisante, le signe le plus originaire du

---

[295] J. Benoist, *Kant et les limites de la synthèse*, *o.c.*, p. 212.
[296] Kant, *CRP*, AK. III, 137/IV, 102, *o.c.*, p. 227.
[297] Kant, *La fin de toutes choses*, AK. VIII, 334, *o.c.*, p. 117.
[298] Kant, *CRP*, AK. III, 139/IV, 104-105, *o.c.*, p. 230.

« langage » comme « faculté de désignation » de la pensée (« *facultas signatrix* »)[299].

Or, que l'« image pure » du temps soit pensée antérieurement aux schèmes transcendantaux des catégories[300] (cf. *supra* ce II), cela fait apparaître, selon notre hypothèse, sa « liberté » par rapport à ces schèmes. Nous proposons de reconnaître l'« image pure » du temps comme un « schème » spécifique, à penser comme subsomption de la condition sensible sous une spontanéité libre (encore) de tout concept, c'est-à-dire plus originaire que l'entendement en sa fonction schématisante. Dès lors, l'« image pure » du temps, comme « schème » qui, par hypothèse, fonde la « subsomption des intuitions sous les concepts [purs de l'entendement] »[301], ne serait-elle pas l'origine même (de la pensée) du schématisme de l'entendement pur ? Mais ne serait-elle pas aussi, en quelque manière, à l'origine du « [schématisme] » esthétique « sans concepts » (soit « libre » de tout concept), c'est-à-dire de l'« animation réciproque qui intervient entre l'imagination dans sa liberté et l'entendement dans sa légalité »[302] ? A moins que les « libertés » (cf. *supra* ce II) de l'« image pure » du temps et du schématisme esthétique ne soient cooriginaires. L'« image pure » du temps est-elle donc l'origine de la schématisation esthétique (réfléchissante) ou la trace la plus originaire du réfléchissant dans la « détermination transcendantale du temps »[303] ? En toute hypothèse, l'« image pure » du temps peut être interprétée, selon ce qui précède, comme origine de tout mouvement réfléchissant de la pensée vers l'universel, de toute recherche de la « règle », du « principe », de la « loi »[304], de l'Idée. Ainsi, cette « image pure » ne serait-elle pas le « tracer » (cf. *supra* ce II) d'un principe

---

[299] Kant, *Anthropologie du point de vue pragmatique*, AK. VII, 191-192, *o.c.*, p. 142-144.

[300] Kant, *CRP*, AK. III, 137/IV, 102, *o.c.*, p. 227.

[301] *Ibid.*, AK. III, 134/IV, 99, *o.c.*, p. 224.

[302] Kant, *CJ*, AK. V, 287, *o.c.*, p. 271-272.

[303] Kant, *CRP*, AK. III, 135/IV, 99, *o.c.*, p. 225.

[304] Kant, *CJ*, AK. V, 179, *o.c.*, p. 158.

« vivifiant » (à entendre comme l'origine du mouvement réfléchissant qui constitue la pensée et le langage, cf. *supra* ce II), soit de cela même que Kant désigne comme l'« esprit » (*Geist*), « principe qui [...] apporte la vie », qui « met en mouvement, d'une manière finale, les facultés de l'esprit [*Gemüt*] », qui « anime [*belebt*] »[305] la pensée ?

---

[305] *Ibid.*, AK. V, 313, *o.c.*, p. 300.

CHAPITRE III

Esthétique de la pensée

Dans la troisième *Critique* s'opère une rupture : « l'esthétique a lieu, écrit J.-F. Lyotard, « avant » le clivage objet/sujet », c'est-à-dire « « avant » que l'esprit veuille s'emparer de l'objet et se constituer comme subjectivité législatrice en face de lui »[1]. Si donc « esthétique » signifie « subjectif »[2], cette subjectivité doit s'entendre comme non « [intéressée] » par « la représentation de l'existence » de l'objet[3], soit comme une subjectivité « pure », « dépouillée de toute connotation sensible et affective »[4] et dépourvue de toute visée constitutive d'une objectivité théorique ou pratique. En ce sens, « l'esthétique kantienne » ne « nous achemine »-t-elle pas, comme le soutient G. Dufour-Kowalska, « vers l'être du sujet [...] par la radicalité du principe qui la guide »[5] ?

Soulignons, tout d'abord, que la « [peinture] éminemment « réfléchissante » » de Cézanne pourrait nous « aider » à « [éprouver] » la conception kantienne de l'esthétique[6] ; par ailleurs, la création artistique peut être pensée comme l'« expression » de « l'*Empfindung* [la « sensibilité »] de

---

[1] J.-F. Lyotard, « Argumentation et présentation : la crise des fondements », *Encyclopédie philosophique universelle*, volume 1, A. Jacob (sous la direction de), *o.c.*, p. 743, cité *in Esthétique et philosophie de l'art*, T. Lenain (*et alii*), *o.c.*, p. 191.

[2] Kant, *CJ*, AK. V, 203, *o.c.*, p. 181.

[3] *Ibid.*, AK. V, 204, *o.c.*, p. 182.

[4] G. Dufour-Kowalska, *De Kant à Michel Henry*, *o.c.*, p. 133.

[5] *Ibid.*, p. 128.

[6] O. Chédin, *Sur l'esthétique de Kant*, Vrin, Paris, 1982, p. 125 : « avant qu'un « monde visible » s'offre au « regard », les choses émergent d'elles-mêmes au visible [...] Le génie de Cézanne est de peindre les choses prenant corps en même temps qu'elles prennent forme, comme si la matière conquérait d'elle-même sa propre apparence, – sans nul concept qui la lui impose ».

l'inobjectivité »[7] et l'« objet » être reconnu comme ce qui « [nuit] […] [au tableau] »[8] ou être « [dé-contextualisé] »[9], ce qui, dans tous les cas, témoigne d'un usage non déterminant, au sens kantien, de la faculté de juger ; plus généralement, « l'artiste » ne « se [tient] »-il pas « en arrière des choses, là où elles ne sont pas encore, en ce lieu de l'origine qui va les produire et d'abord les rendre possibles », hors de « tout modèle objectif »[10] ?

Ainsi, en amenant le sujet à s'interroger sur sa perception commune de l'objet, l'art ne le fait-il pas revenir sur lui-même ? Ne le fait-il pas rentrer en soi comme en une « intériorité absolue » qui serait son « être immanent », hors-« transcendance » (la « transcendance » étant définie comme « l'espace extérieur au sujet, étranger à son être propre et considéré comme le champ de toute connaissance possible en général »)[11] ? Nous reviendrons sur le sens de la conversion « esthétique » (et philosophique) (cf. *infra* ce III). En toute hypothèse, la création artistique serait une « pensée qui questionne », « [invite] à s'interroger sur […] [les] Idées [« éthiques »] […] [dont] [la] forme plastique donne à lire « l'expression visible » »[12], son « origine » serait

---

[7] K. Malevitch, *Die gegenstandslose Welt*, Langen, Munich, 1927, cité par E. Martineau, *Malevitch et la philosophie*, L'Age d'Homme, Lausanne, 1977, p. 200 ; P. Tabet traduit « *Empfindung* » par « sensibilité », *in* « Peindre la vie. Phénoménologie de l'invisible », *La vie et les vivants. (Re-)lire Michel Henry*, G. Jean, J. Leclercq et N. Monseu (éd.), Presses universitaires de Louvain, 2013, p. 382. « [N']est factuelle que la sensibilité […] la sensibilité devient la teneur de ma vie […] L'objectif – en soi dépourvu de signification ; les représentations de la conscience – sans valeur. La sensibilité, voilà le décisif », Malevitch *in* E. Martineau, *ibid.*

[8] W. Kandinsky, *Regards sur le passé*, Hermann, Paris, 2009, p. 109, cité par P. Tabet, « Peindre la vie. Phénoménologie de l'invisible », *o.c.*, p. 382.

[9] M. Joly, *L'image et les signes*, Colin, Paris, 2011, chapitre 3.

[10] M. Henry, « Peindre l'invisible », *Pierre Magré*, Diane Grimaldi, Poitiers, 1989, p. 12-13, cité par P. Tabet, « Peindre la vie. Phénoménologie de l'invisible », *La vie et les vivants. (Re-)lire Michel Henry*, *o.c.*, p. 385.

[11] G.Dufour-Kowalska, *De Kant à Michel Henry*, *o.c.*, p. 128 et p. 27.

[12] J.-P. Larthomas, « Le paradoxe de l'Idée esthétique », *o.c.*, p. 66 et p. 65, la citation de Kant est extraite de *CJ*, AK. V, 235, *o.c.*, p. 215.

« phénoménologique », au sens de l'interprétation par M. Richir des Idées esthétiques kantiennes[13], cette « pensée » serait « [créatrice] de concept » (M. Richir se référant ici[14] au « concept [...] original » (« *Begriff* [...] *original* ») qui, « sans la contrainte des règles », « [synthétise] » « le jeu [...] fugace de l'imagination »[15]), elle serait « libre » au sens du « [schématisme] » esthétique « sans concepts »[16] (« liberté « subjective » [« liberté des facultés du sujet connaissant en tant qu'il se trouve dans l'attitude de la contemplation »] » et « liberté « phénoménale » [« liberté de la chose belle dans son apparaître »] »[17]). Soutenir avec Kant que l'« Idée esthétique [...] donne beaucoup à penser, sans que toutefois aucune pensée déterminée [...] ne puisse lui être adéquate »[18], que l'art nous fait « [éprouver] notre liberté »[19], l'« âme de la liberté »[20], ou considérer le « sentiment [...] de l'inobjectivité libératrice » au sens de Malevitch (cf. *supra* ce III)[21], ou encore l'idée selon laquelle, dans l'art contemporain, « les artistes [...] ne sont pas des faiseurs d'objets », qu'ils « cherchent au contraire à leur échapper », « [voulant] que le processus artistique soit encore visible dans le produit final et dans l'exposition »[22], eux qui expérimentent une « rupture ontologique des frontières de ce qui

---

[13] M. Richir, « L'origine phénoménologique de la pensée », *in La liberté de l'esprit*, *o.c.*, p. 72.

[14] *Ibid.*, p. 97.

[15] Kant, *CJ*, AK. V, 317, *o.c.*, p. 304.

[16] *Ibid.*, AK. V, 287, *o.c.*, p. 271.

[17] D. Lories, « Kant et la liberté esthétique », *Revue philosophique de Louvain*, volume 79, numéro 44, 1981, p. 485.

[18] Kant, *CJ*, AK. V, 314, *o.c.*, p. 300.

[19] *Ibid.*

[20] J.-P. Larthomas, « Le paradoxe de l'Idée esthétique », *o.c.*, p. 60.

[21] K. Malevitch, *Die gegenstandslose Welt*, *o.c.*, cité par E. Martineau, *Malevitch et la philosophie*, *o.c.*, p. 200.

[22] H. Szeemann, *Live in your head. When attitudes become form*, Berne, Kunsthalle 1969, cité par C. Bardin, « Nathalie Heinich, *Le paradigme de l'art contemporain. Structures d'une révolution artistique* », *Questions de communication* [En ligne], 25/2014. URL : http://questionsdecommunication.revues.org/9111.

était communément considéré comme de l'art »[23], dans tous les cas, ce n'est certes pas dire « l'identique », mais n'est-ce pas penser « le même », pour reprendre la distinction heideggerienne[24], soit la « liberté » ?

En outre, en dévoilant l'essence de l'art, la philosophie (critique) ne dévoile-t-elle pas sa propre essence ?

Soit un esprit (*Gemüt*) « enchaîné »[25] par une « puissance » (cf. *infra*) « instituée » (cf. *supra* I), qu'il soit inconscient de son état ou qu'il s'en accommode par « paresse et lâcheté » dans le sens où « [il] est [...] commode d'être sous tutelle »[26]. Comment concevoir la pensée philosophique, sinon comme cette « force » (cf. *infra*) qui, en « [éprouvant] »[27] la liberté, appelle à la « conscience », à la « résistance » (cf. *infra*) ? La « force, écrit Kant, est un pouvoir qui est supérieur à de grands obstacles. Cette force est dite puissance quand elle manifeste sa supériorité même vis-à-vis de la résistance émanant de ce qui possède de soi-même une force »[28]. Si la « force » de l'esprit (*Gemüt*) est confrontée à une « puissance », il faut alors penser que « l'humanité en notre personne demeure non abaissée, quand bien même l'homme devrait succomber devant cette puissance »[29] ; le devoir de l'esprit, face à une « puissance » immorale, « monstrueuse » (*ungeheuer*)[30], est de « résister », de désobéir[31]. Ainsi, « [s'engager] » dans la pensée, qu'il s'agisse de « l'aventure de l'art » ou de la philosophie, c'est, pour

---

[23] N. Heinich, *Le paradigme de l'art contemporain. Structures d'une révolution artistique*, Gallimard, Paris, 2014, p. 49, cité par O. Gras, « Nathalie Heinich, *Le paradigme de l'art contemporain. Structures d'une révolution artistique* », *Lectures* [En ligne], Les comptes rendus, 2014. URL : http://lectures.revues.org/14859.

[24] Heidegger, « Lettre sur l'humanisme », trad. R. Munier, *Questions* III et IV, Gallimard, Paris, 1990, p. 126.

[25] M. Richir, *Phénoménologie et institution symbolique*, *o.c.*, p. 16.

[26] Kant, *Qu'est-ce que les Lumières ?*, AK. VIII, 35, trad. J.-F. Poirier et F. Proust, GF Flammarion, Paris, 1991, p. 43.

[27] Kant, *CJ*, AK. V, 314, *o.c.*, p. 300.

[28] *Ibid.*, AK. V, 260, *o.c.*, p. 242.

[29] *Ibid.*, AK. V, 262, *o.c.*, p. 244.

[30] *Ibid.*, AK. V, 253, *o.c.*, p. 234.

[31] Kant, *La religion dans les limites de la simple raison*, AK. VI, 99, *o.c.*, p. 130.

« l'homme », « [soutenir] du même coup de lui-même qu'il est un être radicalement inaliénable »[32].

Par ailleurs, la pensée de Kant semble hantée par l'idée du « gouffre du chaos dépourvu de toute fin qui est celui de la matière », de la « vaste tombe » qui nous « [engloutira] » tous, « honnêtes ou malhonnêtes »[33], par l'hypothèse, que J. Lachelier qualifierait de « monstrueuse »[34], d'une impossibilité « ontologique » de la connaissance (que l'on songe à l'hypothèse d'une impossibilité de la « synthèse de la reproduction dans l'imagination »[35]), nous entendons « ontologique » dans le sens où l'être « en soi », dirions-nous, interdirait toute possibilité d'une harmonisation transcendantale entre le sujet et les phénomènes, toute « harmonie » possible « entre les éléments de l'univers »[36]. Pourtant, la « sagesse »[37] de la pensée critique se fonde dans la croyance (*Glauben*) morale, rationnelle. La philosophie serait donc essentiellement (appel à une) « résistance »[38] et c'est dans la résistance que résiderait l'essence de la « liberté ». N'est-ce pas comprendre par là le sens de la finitude de l'homme et de sa pensée, finitude qui, en nous interdisant tout « savoir » (*Wissen*) concernant l'Idée du « monde » comme « création »[39], nous interdit aussi tout désespoir ?

A la vérité, en mettant au jour l'essence de l'art, la philosophie (critique) se dévoile elle-même en sa dimension « esthétique » (l'esthétique étant fondée, chez Kant, dans une

---

[32] J. Patočka, *L'art et le temps*, trad. E. Abrams, P.O.L., Paris, 1990, p. 362, cité par W. Biemel, « Quelques remarques à propos de l'interprétation de l'art chez Patočka », trad. F. Fédier, *in Jan Patočka, philosophie, phénoménologie, politique*, E. Tassin et M. Richir [Textes réunis par], Millon, Grenoble, 1992, p. 73.

[33] Kant, *CJ*, AK. V, 452, *o.c.*, p. 451.

[34] Cf. J. Lachelier, *Du fondement de l'induction*, *o.c.*, p. 72.

[35] Kant, *CRP*, AK. IV, 78, *o.c.*, p. 180.

[36] Cf. J. Lachelier, *Du fondement de l'induction*, *o.c.*, p. 72.

[37] Kant, *La fin de toutes choses*, AK. VIII, 336, *o.c.*, p. 118.

[38] Cf. notre ouvrage *Philosophie et existence. Qu'est-ce que l'homme ?*, *o.c.*, p. 58-59.

[39] Kant, *CJ*, AK. V, 434, *o.c.*, p. 432.

exigence éthique, soit l'Idée d'une habitation morale du monde, ce qu'il faut entendre sur le mode du jugement réfléchissant). Nous proposons de penser la philosophie comme « [créatrice] de concepts » par analogie avec la création du génie dans l'esthétique kantienne : en effet, *mutatis mutandis*, le concept philosophique, comme les Idées esthétiques, excède les ressources de l'« institution » (au sens de M. Richir, cf. *supra* I)[40]. Précisément, le concept philosophique se manifeste comme vivification « phénoménologique » (cf. *supra* II et ce III, et *infra* ce III) de l'« institution », la pensée philosophique puisant dans cette dimension « phénoménologique » comme dans un « *substratum* transcendantal », « *substratum* » analogue à celui qui « contient pour ainsi dire toute la réserve de matière d'où peuvent être tirés tous les prédicats possibles des choses »[41]. « Vivifier » (cf. *infra* ce III) l'« institution symbolique » (cf. *supra* I), lui donner à « penser », créer du « sens » (cf. *infra* ce III), lequel jaillit comme d'une « force vitale » (*Lebenskraft*)[42], ce sont là autant d'actes qui s'inscrivent, chez Kant, dans la perspective des Idées du « sens commun » et de l'« esprit » (*Geist*).

*

L'Idée du « sens commun » est Idée d'une « [communicabilité universelle] » de « l'état d'esprit (*Gemütszustand*) » qui correspond à l'« accord », à la « proportion » « [appropriés] » entre les « facultés de l'esprit (*Gemütskräfte*) » « en vue d'» un jugement esthétique, d'une « connaissance », d'une « pensée », « accord » qui « ne peut pas être déterminé autrement que par le sentiment »[43] (tout accord approprié entre les facultés de l'esprit (*Gemüt*) est de nature à « [procurer] du plaisir »[44] et ressortit, pour cette raison, au « sens

---

[40] Cf. M. Richir, « L'origine phénoménologique de la pensée », *in La liberté de l'esprit*, *o.c.*, p. 99 et p. 97 ; M. Richir se réfère à Kant, *CJ*, AK. V, 317, *o.c.*, p. 304.

[41] Kant, *CRP*, AK. III, 388, *o.c.*, p. 520.

[42] Kant, *Anthropologie du point de vue pragmatique*, AK. VII, 231, *o.c.*, p. 178.

[43] Kant, *CJ*, AK. V, 238-239, *o.c.*, p. 218-219.

[44] *Ibid.*, AK. V, 218, *o.c.*, p. 197.

commun », à entendre comme l'« effet de la […] réflexion sur l'esprit », soit comme le « sentiment de plaisir »[45]). Cette exigence de « partageabilité »[46] d'un « sens » (« commun »), comme Idée de la « pensée »[47], est celle même d'une « universalité des voix » (*allgemeine Stimme*)[48], soit l'exigence pour chacun de pouvoir « parler au nom des autres » : « ma voix individuelle » doit pouvoir « [prétendre] à être […] une « voix universelle » »[49].

Ce qui vaut pour le jugement réfléchissant doit valoir en quelque manière pour le jugement déterminant, s'il est vrai (cf. *supra* II) que le réfléchissant constitue l'effectivité de la pensée dans les domaines théorique et pratique. Que le jugement réfléchissant (esthétique) « fonde » l'exercice des jugements théoriques et pratiques, cela doit s'entendre dans le sens où l'Idée du sens commun (esthétique) est l'Idée même de la « pensée » (cf. *supra* ce III). Par ailleurs, F. Marty soutient que « dans le jugement réfléchissant […] se donne la raison en toute son étendue […] [l']avancée de la raison dans le sensible […], qui est due au jugement esthétique, […] [permettant] d'accéder à la démarche symbolique »[50]. Ainsi, l'œuvre de la raison pratique peut être reconnue, sur le mode du jugement réfléchissant, dans les jugements du beau et du sublime[51] (s'agissant du sentiment sublime, Kant écrit que « l'imagination […] est […] l'instrument de la raison et de ses Idées »[52]).

Or, que l'« universalité des voix […] [ne soit] […] qu'une Idée [pratique] »[53], c'est-à-dire que la « voix » des « sujets »

---

[45] *Ibid.*, AK. V, 295, *o.c.*, p. 280.

[46] J.-F. Lyotard, *Leçons sur l'Analytique du sublime*, *o.c.*, p. 234.

[47] Kant, *CJ*, AK. V, 294, *o.c.*, p. 279.

[48] *Ibid.*, AK. V, 216, *o.c.*, p. 194.

[49] S. Laugier, « *Mind*, esprit, psychologie », *Methodos* N° 2, Septentrion, 2002, p. 95 et p. 94.

[50] F. Marty, *La naissance de la métaphysique chez Kant*, *o.c.*, p. 376.

[51] Cf. notre ouvrage *Le problème kantien de l'éthique. Habiter le monde*, *o.c.*, p. 66 sq.

[52] Kant, *CJ*, AK. V, 269, *o.c.*, p. 252-253.

[53] *Ibid.*, AK. V, 216, *o.c.*, p. 194-195.

proprement humains (puisque la « voix » ne peut être que celle de l'« homme » en tant qu'il « [doit] » se rendre lui-même capable d'« entendre » « la voix du juge intérieur [*die Stimme des inneren Richters*] »[54]) soit « [postulée] » comme « *allgemeine Stimme* »[55], cela ne montre-t-il pas la nécessité de penser le « sujet » comme Idée, au sens où « être sujet n'est pas un fait ou un point de départ, mais une conquête et un but »[56] ? Le sens architectonique du « sujet » pourrait bien être analogue à celui de l'« idéal transcendantal »[57], lequel s'individue à l'infini, s'approchant toujours plus d'un « horizon » qui jamais ne se confondra avec un « point » (sans « extension »)[58]. L'individuation du « sujet » n'est-elle pas, en effet, elle aussi sans fin ? N'est-elle pas « fondée », sur le mode du jugement réfléchissant téléologique et selon l'usage pratique de la raison, dans l'Idée de la « fin finale » (*Endzweck*)[59], Idée d'un « règne des fins »[60] dans lequel l'« universalité des voix » ne serait plus simplement une « [promesse] » esthétique (« se [promettre] l'adhésion de chacun »)[61] ?

L'Idée réfléchissante du sens commun, qui fonde la « pratique » (« ce qui est possible par liberté »[62]) de la pensée, est à « [prendre] en compte [...] comme si elle résultait d'un contrat originaire dicté par l'humanité elle-même »[63]. C'est-à-dire comme si elle résultait d'une « décision » transcendantale, telle l'Idée même de la fondation, à saisir en son articulation du « phénoménologique » (cf. *supra* II et ce III, et *infra*) et du

---

[54] Kant, *Métaphysique des mœurs* II, *Doctrine de la vertu*, AK. VI, 401, trad. A. Renaut, GF Flammarion, Paris, 1994, p. 246.

[55] Kant, *CJ*, AK. V, 216, *o.c.*, p. 194.

[56] G. Marcel, *Du refus à l'invocation*, Gallimard, Paris, 1940, p. 236.

[57] Kant, *CRP*, AK. III, 385, *o.c.*, p. 518.

[58] *Ibid.*, AK. III, 436, *o.c.*, p. 569.

[59] *Ibid.*, AK. III, 543, *o.c.*, p. 679.

[60] Kant, *Métaphysique des mœurs* I, *Fondation*, AK. IV, 433, trad. A. Renaut, GF Flammarion, Paris, 1994, p. 114.

[61] Kant, *CJ*, AK. V, 216, *o.c.*, p. 194-195.

[62] Kant, *CRP*, AK. III, 520, *o.c.*, p. 655.

[63] Kant, *CJ*, AK. V, 297, *o.c.*, p. 282.

« symbolique » (au sens de M. Richir, cf. *supra* I), de l'humanité. Précisons que Kant rejetterait l'idée selon laquelle, s'agissant du domaine théorique, une « norme » peut être « considérée, non pas comme intrinsèque au contenu théorique, mais comme injectée dans ce contenu par une décision » que nous pourrions qualifier, en suivant S. Chauvier, d'« [existentielle] », au sens d'un « engagement existentiel absolu, [d']un « choix de soi », [de] l'expression d'une volonté de puissance » ; il en est de même s'agissant de la « normativité pratique d'un contenu »[64]. Il s'agit donc de penser le « rationalisme normatif » (cf. *supra* II) comme articulé, chez Kant, à un décisionnisme, qui, toutefois, selon ce qui précède, n'est pas « existentiel » au sens où il fonderait une décision « injectée » par (simple) « choix » « existentiel ».

La « vérité transcendantale » (au sens de la première *Critique*[65]), déterminante, se fonde dans un décisionnisme le plus originairement réfléchissant (cf. *supra* II). De même, dans le domaine pratique, l'*a priori* est déterminant (cf. *supra* II) : ainsi, « [une] personne qui ne verrait pas ce qu'il y a de mal à imposer un traitement cruel à des enfants [...] serait [...] perçue comme une personne [...] dénuée de moralité »[66]. Toutefois, la pensée de cet *a priori* ressortit à un décisionnisme pratique réfléchissant relatif à l'Idée de Dieu et à l'Idée d'homme (cf. *supra* II). Quant à la réalisation de l'Idée pratique dans le monde, qui requiert une Typique de la faculté de juger pratique pure (cf. *supra* II), elle se fonde le plus originairement dans la « réflexion » (au sens du réfléchissant) sur l'Idée (qui, comme telle, n'est jamais

---

[64] S. Chauvier, « Un décisionnisme épistémologique est-il possible ? », *La reconstruction de la raison. Dialogues avec Jacques Bouveresse*, C. Tiercelin (sous la direction de), Collège de France, 2014 ; http://www.openedition.org/6540.

[65] Kant, *CRP*, AK. III, 139/IV, 104, *o.c.*, p. 229.

[66] S. Chauvier, « Le principe d'universalisabilité dans la philosophie morale contemporaine », *in Kant et les kantismes dans la philosophie contemporaine. 1804-2004*, C. Berner et F. Capeillères (éd.), Presses universitaires du Septentrion, 2004, p. 21.

« [donnée] »[67]) d'humanité, Idée dont il faut, par conséquent, « décider » à chaque instant.

Kant rejette l'idée selon laquelle « c'est l'homme seul qui [...] donne un sens à un univers, lequel, sans lui, serait pure facticité, sans valeur aucune »[68]. Il faut reconnaître, en effet, que « le pouvoir de la pensée philosophante [...] ne saurait être arbitraire, puisqu'un tel arbitraire est exclu d'avance par ce qui est *raison* »[69] : en termes kantiens, le décisionnisme qu'il faut reconnaître au fondement de l'(auto-)institution de la pensée (criticiste) n'est pas arbitraire (cf. *supra* II) ; auto-institué comme Idée réfléchissante et pratique d'un sens commun (cf. *supra* ce III), il fonde épigénétiquement le « désenveloppement » architectonique du « rationalisme normatif » (cf. *supra* II), soit l'Idée de la raison (cf. *supra* I et II), donc la nécessité rationnelle du discours transcendantal (cf. *supra* I).

*

La conversion que met en œuvre la philosophie (critique) en sa dimension réfléchissante (esthétique) appelle à se saisir comme « subjectivité » ou plutôt comme Idée cosmopolitique d'un « sujet ». C'est-à-dire que cette conversion, en tant qu'acte de *pensée*, est l'exigence même de notre être (devoir-être)-au-monde : loin de nous éloigner du monde en nous appelant à un repli sur nous-mêmes, elle nous reconduit à une perception objective dont nous saisissons enfin le sens ainsi que celui de l'être (cf. *infra* ce III) et nous oriente (sur le mode du jugement réfléchissant) vers l'Idée morale et politique d'une habitation du monde. Une telle conversion s'inscrit dans une « reprise [de la

---

[67] Kant, *CJ*, AK. V, 179, *o.c.*, p. 158.

[68] A. Wylleman, « L'homme et la création des valeurs », *Revue philosophique de Louvain*, *o.c.*, p. 88.

[69] M. Gueroult, *Philosophie de l'histoire de la philosophie*, Aubier, Paris, 1979, p. 107, cité par J. Bouveresse, *Qu'est-ce qu'un système philosophique ?*, « Cours 6. L'histoire de la philosophie et la question de la vérité des philosophies », Collège de France, 2012 ; http://www.openedition.org/6540.

question transcendantale] […] dans [laquelle] […] prend place […] [la] notion d'esprit (*Geist*) »[70].

L'esprit (*Geist*), dans la troisième *Critique*, se manifeste comme « principe qui […] apporte la vie (*belebende Princip*) »[71]. Dans une *Réflexion* des années 1776-1778, Kant écrit : « L'esprit (*Geist*) est le *principium* interne (vivifiant) de l'animation des pensées […] Par conséquent, l'esprit […] inaugure à partir de lui-même une nouvelle série de pensées »[72]. Ainsi, le *Geist* est le libre jaillissement du « phénoménologique », c'est-à-dire du « temps » (de la pensée). Cette liberté (comme pouvoir d'« inaugurer », cf. *supra*) est pensée en rapport avec les notions de « vie » (« l'esprit (*Geist*) est la source mystérieuse de la vie »[73], « vivre » étant défini comme acte de « penser » et de « vouloir »[74]) et de raison pratique : Kant soutient, en effet, que, « [au] moyen de la raison [*Vermittelst der Vernunft*], un esprit [*Geist*] […] s'adjoint à l'âme [*Seele*] de l'homme, en sorte qu'il mène une vie non seulement appropriée au mécanisme de la nature […], mais également appropriée à la spontanéité de la liberté et à ses lois morales-pratiques […] Ce principe de vie [*Lebensprincip*] […] provient directement et immédiatement […] de la liberté »[75]. Le surgissement du *Geist* comme « temps » (de

[70] L. Gallois, « De la philosophie transcendantale à une philosophie de l'esprit dans l'*Opus postumum* : un passage possible ? », *in Kant et les sciences. Un dialogue philosophique avec la pluralité des savoirs*, S. Grapotte, M. Lequan et M. Ruffing (sous la direction de), Vrin, Paris, 2011, p. 341.

[71] Kant, *CJ*, AK. V, 313, *o.c.*, p. 300.

[72] Kant, *Réflexion* 934, AK. XV1, cité et traduit par D. Dumouchel, *Kant et la genèse de la subjectivité esthétique*, Vrin, Paris, 1999, p. 229.

[73] Kant, *Réflexion* 831, AK. XV1-371, Années 1776-1778 ?, *in Reflexionen zur Anthropologie*, cité et traduit par L. Gallois, « L'esprit de la philosophie transcendantale chez Kant. Vers une philosophie de l'esprit ? », *Archives de philosophie*, Tome 73, 2010/2, p. 238.

[74] Kant, *Les progrès de la métaphysique*, AK. XX, 309, *o.c.*, p. 147.

[75] Kant, *Annonce de la prochaine conclusion d'un traité de paix perpétuelle en philosophie*, AK. VIII, 417, trad. J.-F. Poirier et F. Proust, GF Flammarion, Paris, 1991, p. 140-141, cité par L. Gallois, « L'esprit de la philosophie transcendantale chez Kant. Vers une philosophie de l'esprit ? », *Archives de philosophie*, *o.c.*, p. 239.

la pensée, de l'existence) serait donc le surgissement même de la « liberté [pratique] » (le « temps » comme « liberté »[76]…).

Relire la philosophie critique dans la perspective de l'Idée du *Geist*, ce serait, s'agissant de la critique théorique, reconnaître, au cœur de la philosophie transcendantale, une philosophie du « sens commun ». Ainsi, il semble que, dans la première *Critique*, la structure transcendantale de l'esprit (*Gemüt*) soit toujours déjà « instituée » (cf. *supra* I) et, comme telle, « [trouvée] »[77] par le philosophe criticiste, le « sujet » étant alors conçu comme « sujet transcendantal des pensées »[78], soit comme « sujet » de la « pensée en général »[79], « sujet » pour ainsi dire sans visage, comme est sans visage l'Idée architectonique « [ayant] besoin, pour être mise en œuvre, d'un schème »[80]… Or, à cette lecture de l'« institution » (au sens de M. Richir, cf. *supra* I) pourrait alors s'articuler une lecture du sujet concret, saisi dans l'exercice de son jugement. A la pensée de l'objet, de l'« objectivité »[81] (ou du sujet comme « rapport à l'objet »[82]), pourrait s'articuler une pensée resserrée sur le « sujet » et l'Idée de communicabilité (cf. *supra* ce III), soulignant ainsi que le « transcendantal » est « échappement au domaine de l'objectif »[83] (ce qui est objectivable, c'est la seule dimension du transcendantal « réfléchie » – au sens où « penser inclut un réfléchir » – dans le sens interne – « réfléchir qui, lui-même, ne peut se produire que dans le temps »[84] –). Mais pourrait être alors également « [découvert] », dans la première *Critique*, le « moment de la génialité [entendons par là, suivant la troisième *Critique*, la génialité du *Geist*] au cœur du plus humble

[76] Cf. notre ouvrage *Penser la liberté et le temps avec Kant. La fondation morale de l'existence*, *o.c.*
[77] Kant, *CRP*, AK. III, 86/IV, 59, *o.c.*, p. 157.
[78] *Ibid.*, AK. III, 265, *o.c.*, p. 400.
[79] E. Boutroux, *La philosophie de Kant*, Vrin, Paris, 1926, p. 126.
[80] Kant, *CRP*, AK. III, 539, *o.c.*, p. 674.
[81] E. Ortigues, *Le discours et le symbole*, *o.c.*, p. 240.
[82] J. Benoist, *Kant et les limites de la synthèse*, *o.c.*, p. 27.
[83] A. Grandjean, *Critique et réflexion*, *o.c.*, p. 148.
[84] Kant, *La fin de toutes choses*, AK. VIII, 334, *o.c.*, p. 117.

travail de la subjectivité, celui de la perception [...] En chaque homme qui simplement perçoit le monde, il y a, écrit J. de Gramont (suivant M. Alexandre), un architecte, un peintre, un musicien »[85]. Si donc, comme le soutient M. Alexandre, l'« esprit » « d'abord se perd dans le sensible », si l'« imagination », dans la « perception », « [rattache] à la conscience » la « poussière de nous-mêmes », « [constituant] » ainsi le « sujet », si la « fonction de l'imagination est de construire constamment le monde, dans lequel cette poussière prend forme et place »[86], l'« imagination » pourrait être reconnue dès la première *Critique* comme jaillissement de notre « force vitale » (cf. *supra* ce III) en un sens qui serait (dérivé de) celui du *Geist* kantien.

Considérons à présent quel pourrait être le sens d'une relecture réfléchissante (c'est-à-dire faite du point de vue d'une philosophie du « sens commun ») de la critique pratique. Il s'agirait, selon nous, de revenir sur l'idée que la raison pratique fonde l'articulation en l'homme de l'« esprit » (*Geist*) et de l'« âme » (*Seele*) dans le sens précisé dans l'écrit, déjà cité (cf. *supra* ce III), de 1796. La raison pratique (c'est-à-dire la liberté morale) se manifeste alors comme fondationnellement médiatrice (dans le sens du réfléchissant) entre le *Geist* comme « principe de vie » (cf. *supra* ce III) et l'âme (*Seele*) qui « suppose un corps »[87], soit entre l'origine de la faculté de juger réfléchissante (esthétique) et la « nature » (cf. *supra* ce III). Ainsi, la raison pratique occupe désormais la position fondationnelle (réfléchissante) qui était celle, à un certain degré de « désenveloppement épigénétique » (cf. *supra* II) de l'architectonique, de la seule faculté de juger réfléchissante. Ce

[85] J. de Gramont, *Kant et la question de l'affectivité*, Vrin, Paris, 1996, p. 33 ; « L'homme est architecte : « L'univers spatieux » (Valéry). Nous l'ouvrons, cet univers, quand nous ne dormons pas [...] L'art. Chaque homme se représente sa propre vie comme une suite de temps ; c'est le principe de l'art. Il y a des moments dans une peinture », M. Alexandre, *Lecture de Kant*, PUF, Paris, 1978, p. 31 et p. 127, cité par J. de Gramont, *o.c.*, p. 33.

[86] M. Alexandre, *Lecture de Kant*, *o.c.*, p. 31 et p. 127.

[87] Kant, *Opus postumum*, AK. XXII, 55, *o.c.*, p. 189.

qui signifie une évolution, proprement réfléchissante, de la pensée dans le sens d'un primat du pratique. Le « principe de vie » « provient directement et immédiatement [...] de la liberté [morale] », est-il écrit en 1796 (cf. *supra* ce III), ce que l'*Opus postumum* explicite ainsi : « Il y a dans l'homme un principe actif [...], habitant dans l'homme [...] comme esprit (*Geist*), qui [...] exerce irrésistiblement son commandement sur lui, selon la loi de la raison éthico-pratique »[88]. Autrement dit, le criticisme conçoit alors la liberté morale comme (origine du) *Geist*, soit comme ce qui fonde (le temps de) la pensée (cf. *supra* ce III). Selon notre hypothèse (à entendre sur le mode du jugement réfléchissant), la liberté (morale), ainsi conçue, est l'origine du temps (de la nature, dans lequel s'inscrit la pensée (cf. *supra* II et ce III) et doit s'inscrire l'Idée pratique). En ce sens, le temps est donc le temps même de la liberté (morale), c'est-à-dire que produire le temps (de l'être, de la pensée, de l'action) est un devoir[89], celui-là même d'habiter moralement le monde[90]. Tel est, selon nous, le sens de l'articulation de la liberté morale et du *Geist*...

L'Idée architectonique est alors pensée, sur le mode du jugement réfléchissant, comme une Idée morale. La pensée critique théorique et pratique peut ainsi se concevoir comme « héautonome » et non plus comme (seulement) « autonome »[91], dans le sens où l'institution du transcendantalisme théorique et pratique se fonde, sur le mode du jugement réfléchissant, dans l'héautonomie (réfléchissante) de la pensée (cf. *supra* II). De ce point de vue, l'entreprise critique fonde la pensée de l'être humain dans l'Idée d'une existence morale : l'homme doit « [devenir] » « sujet », c'est-à-dire « auteur de sa propre existence »[92].

---

[88] *Ibid.*

[89] Cf. notre ouvrage *Penser la liberté et le temps avec Kant. La fondation morale de l'existence*, *o.c.*, p. 126.

[90] Cf. notre ouvrage *Le problème kantien de l'éthique. Habiter le monde*, *o.c.*

[91] Kant, *CJ*, AK. XX, 225, *o.c.*, p. 115.

[92] Kant, *Opus postumum*, AK. XXI, 101, *o.c.*, p. 240, cité par L. Gallois, « L'esprit de la philosophie transcendantale chez Kant. Vers une philosophie de l'esprit ? », *Archives de philosophie*, *o.c.*, p. 231.

Mais comment penser plus précisément le *Geist* ? « A vrai dire, écrit M. Foucault, rien ne nous est clairement indiqué de ce qu'est ce principe lui-même »[93]. La raison en est que le *Geist* est, selon nous, origine même du « trans-cendantal » (au sens du « à distance (trans-) »[94]), c'est-à-dire de la « liberté » architectonique comme pouvoir de penser, mais aussi d'être, d'agir et de (se) mettre à distance. Il est possible de rapprocher ce que Kant pense du schématisme de l'entendement pur et ce qu'il pense du *Geist*. C'est ce que soutient J. de Gramont, soulignant que ce rapprochement est « esquissé par Louis Guillermit » : Kant pense le *Geist* comme « don naturel »[95] ; or, écrit L. Guillermit, la « Critique [...] pourrait reprendre [ici] les expressions qu'elle employait déjà à propos du schématisme [« art caché dans les profondeurs de l'âme humaine, dont nous arracherons toujours difficilement les vrais mécanismes à la nature pour les mettre à découvert devant nos yeux »[96]] [...] : il est impossible de produire au grand jour, de mettre à découvert devant les yeux, l'Art caché dans les profondeurs de l'esprit qui ne fait qu'un avec le « tour de main » de la Nature »[97]. Ainsi, le *Geist*, comme principe du « [schématisme] » esthétique (articulant « l'imagination dans sa liberté » et « l'entendement dans sa légalité »)[98], peut être pensé non certes comme le schématisme de l'entendement pur (qui est un « schématisme des *concepts* [nous soulignons] purs de l'entendement »[99]), mais comme l'origine du « schème »[100] de l'architectonique. Il serait cette « source vive,

[93] M. Foucault, *in* Kant, *Anthropologie du point de vue pragmatique*, « Introduction à l'*Anthropologie* de Kant », *o.c.*, p. 38.
[94] M. Richir, *L'expérience du penser*, *o.c.*, p. 38.
[95] Kant, *CJ*, AK. V, 307, *o.c.*, p. 293.
[96] Kant, *CRP*, AK. III, 136/IV, 101, *o.c.*, p. 226.
[97] L. Guillermit, *Critique de la faculté de juger esthétique de Kant*, Éditions Pédagogie Moderne, Paris, 1981, p. 138. Cf. J. de Gramont, *Kant et la question de l'affectivité*, *o.c.*, p. 34-35 (référence à L. Guillermit, *ibid.*, p. 34).
[98] Kant, *CJ*, AK. V, 287, *o.c.*, p. 271-272.
[99] Kant, *CRP*, AK. III, 133/IV, 98, *o.c.*, p. 224.
[100] *Ibid.*, AK. III, 539, *o.c.*, p. 674. Cf. notre ouvrage *Penser la liberté et le temps avec Kant. La fondation morale de l'existence*, *o.c.*, p. 37-40.

comme l'écrit J. Taminiaux, qui se dissimule en même temps qu'elle jaillit, une lumière qui révèle sans se donner à voir, une force efficace et pourtant cachée à celui qui s'y alimente »[101]. A vrai dire, il est possible de supposer que ce « schématisme » (cf. *supra* ce III) du *Geist* est à l'œuvre dans une antériorité transcendantale au schématisme catégorial lui-même. A cet égard, ne s'articule-t-il pas en quelque manière à l'effectivité de l'« image pure » (cf. *supra* II) du temps (et de l'espace), qui participe de l'« imagination [...] productive, c'est-à-dire [de la] faculté de présentation originaire de l'objet (*exhibitio originaria*) » à laquelle « appartiennent [...] [les] intuitions pures de l'espace et du temps »[102] ? Le *Geist* serait ainsi pensable comme jaillissement du temps (et de l'espace). Mais il conviendrait alors de penser un passage entre l'« image pure » du temps (et de l'espace) et le schématisme esthétique (cf. *supra* II *in fine*)...

Plus précisément, si le *Geist* nous renvoie à « ce qu'il y a d'insondable dans l'Idée de liberté »[103], s'il est « la subjectivité même reconduite à son principe vital »[104], n'est-il pas l'instituant de toute « décision » (au sens du décisionnisme philosophique, cf. *supra* II et ce III) ? Ainsi, il n'y aurait pas d'autre principe du décisionnisme réfléchissant qui fonde l'*a priori* transcendantal (cf. *supra* II et ce III) que le « sentiment [...] d'être vivant » (*Lebensgefühl*)[105], la « force vitale » (*Lebenskraft*)[106]. Les décisions de « pensée » seraient l'œuvre de l'« esprit » (*Geist*) comme « principe » qui « anime » (cf. *supra* II *in fine*) le *Gemüt*, « principe » « [constituant] le génie », qui, comme « [nature] », « donne à l'art ses règles »[107]. Auquel cas, si « l'esprit (*Geist*)

[101] J. Taminiaux, *La nostalgie de la Grèce à l'aube de l'idéalisme allemand*, La Haye, 1967, p. 54, cité par J. de Gramont, *Kant et la question de l'affectivité*, *o.c.*, p. 34.

[102] Kant, *Anthropologie du point de vue pragmatique*, AK. VII, 167, *o.c.*, p. 123.

[103] Kant, *CJ*, AK. V, 275, *o.c.*, p. 258.

[104] J. de Gramont, *Kant et la question de l'affectivité*, *o.c.*, p. 33.

[105] Kant, *CJ*, AK. V, 204, *o.c.*, p. 182.

[106] Kant, *Anthropologie du point de vue pragmatique*, AK. VII, 231, *o.c.*, p. 178.

[107] Kant, *CJ*, AK. V, 313 et 307, *o.c.*, p. 299-300 et p. 293.

n'est pas le simple surgissement de la nature », mais ce « qui donne son sens à la nature »[108], cela ne revient-il pas à penser (cf. *supra* ce III) que la « nature » est « fondée » dans l'Idée de liberté morale, qui seule, à vrai dire, donne sens (ce qu'il faut entendre sur le mode du jugement réfléchissant)[109] ? Par ailleurs, faut-il concevoir le *Geist* comme instituant « symbolique » ou comme s'articulant toujours déjà à une « institution symbolique » (cf. *supra* I) ? Qu'en est-il donc de la conception selon laquelle la « vérité » doit être « décidée » au sens du désenveloppement épigénétique de l'architectonique des pouvoirs de l'esprit (*Gemüt*) (cf. *supra* II et ce III), cette « décision » étant fondée le plus originairement dans l'Idée, sans cesse à « réfléchir » (au sens du jugement réfléchissant), de la « destination complète de l'être humain [*die ganze Bestimmung des Menschen*] »[110] et dans l'articulation, qu'il s'agit de penser, du *Geist* et du *Gemüt* ?

[108] A. Philonenko, *L'œuvre de Kant*, tome II, Vrin, Paris, 1972, p. 208.

[109] Cf. notre ouvrage *Le problème kantien de l'éthique. Habiter le monde*, *o.c.*, p. 56-57.

[110] Kant, *CRP*, AK. III, 543, *o.c.*, p. 679.

TABLE DES MATIÈRES

Philosophie

aux éditions L'Harmattan

Dernières parutions

ALAIN BADIOU
Vivre en immortel
Vinolo Stéphane
À la différence de penseurs comme Deleuze ou Derrida, Alain Badiou est un philosophe classique, cherchant à apporter des réponses aux questions les plus anciennes de la philosophie. Pour Badiou, la philosophie n'est plus au coeur du processus de production des vérités. Toute la pensée de Badiou nous enjoint donc à cesser d'être des animaux humains pour devenir des sujets, à ne plus survivre à l'aune de nos seuls intérêts, pour vivre pleinement, c'est-à-dire, vivre enfin comme des immortels.
(Coll. Ouverture Philosophique, 20.00 euros, 196 p.)
ISBN : 978-2-343-05087-4, ISBN EBOOK : 978-2-336-36612-8

CENT MILLIONS D'ORGASMES
Essai sur la pornographie
Rubino Francesco
La pornographie sera l'un des objets les plus invasifs des réglementations morales à venir. Aux positions naïves (M. Marzano) et aux reconstructions puristes (C. MacKinnon) et relativistes (M. C. Nussbaum, L. Williams), ce «pornouvrage» oppose le sens authentique de cette anomie érotique : le sens d'un corps opprimé qui, pourtant, pornographiquement écrit (A. J. Magliacane) et se resymbolise dans un cri (P. Pat Califia) ou se désymbolise dans un fantasme (Ch. Ackerman, E. Lemoine-Luccioni).
(Coll. Ouverture Philosophique, série Arts vivants, 24.00 euros, 240 p.)
ISBN : 978-2-343-05144-4, ISBN EBOOK : 978-2-336-36662-3

COURT TRAITÉ D'ONTOLOGIE
Bouvier Pascal
Pourquoi existons-nous ? Est-ce que nous existerons après la mort ? Autant d'interrogations profondément humaines qui sont prises en charge par la philosophie. Au sein de celle-ci, une discipline spécifique se consacre à la question de l'être : l'ontologie. Elle semblait tombée en désuétude et dans l'oubli depuis les critiques sévères de certains courants philosophiques. Ce traité tente de saisir les grandes lignes de cette histoire de l'être.
(Coll. Ouverture Philosophique, 14.50 euros, 148 p.)
ISBN : 978-2-343-04094-3, ISBN EBOOK : 978-2-336-36722-4

CRITIQUE (LA) RADICALE DE L'ARGENT ET DU CAPITAL CHEZ LE DERNIER-MARX

Matériaux pour une refondation du marxisme

Bayer Philippe

Ce livre s'inscrit dans une réflexion sur la Critique radicale associée à ce qu'on peut appeler le Dernier-Marx. Ce Dernier-Marx, on peut le lire dans l'édition française du *Capital* en un repositionnement de Marx, venant problématiser sa pensée objective précédente, qui réceptionnait un donné du mode de production capitaliste pour l'interpréter comme un donné de l'histoire. À cette entreprise ruineuse pour le mouvement ouvrier, le Dernier-Marx substitue une problématique radicalement subjective à partir d'une ontologie de l'identité vitale.

(Coll. Ouverture Philosophique, 25.00 euros, 248 p.)

ISBN : 978-2-343-04705-8, ISBN EBOOK : 978-2-336-36730-9

DÉCONSTRUCTION PHÉNOMÉNOLOGIQUE ET THÉOLOGIQUE DE LA MODERNITÉ OCCIDENTALE

Awazi Mbambi Kungua Benoît

Le puissant travail de déconstruction phénoménologique et théologique de la modernité occidentale fait apparaître l'autisme épistémologique qui caractérise son horizon de la Mathesis Universalis à la base de ses productions scientifiques, techniques, athées, consuméristes et médiatiques. À travers cet ouvrage, l'auteur opère un puissant tournant prophétique, mystique et thérapeutique de la théologie négro-africaine de la libération holistique, échappant ainsi aux schèmes idéologiques et politiques des théologies occidentales frappées d'obsolescence.

(33.00 euros, 320 p.)

ISBN : 978-2-343-03719-6, ISBN EBOOK : 978-2-336-36791-0

ÉVEIL BOUDDHIQUE ET CORPORÉITÉ

Marcel Antoine

«Voir dans sa propre nature», dans le bouddhisme zen, est une expression convenue qui désigne l'éveil. Pourquoi, et comment ? Observant l'importance première donnée au corps dans la pratique méditative, la mise à l'écart de la noèse, l'auteur, s'appuyant sur les développements de la pensée phénoménologique à la suite de Maurice Merleau-Ponty, tente une investigation de l'éveil bouddhique.

(Coll. Ouverture Philosophique, 12.00 euros, 108 p.)

ISBN : 978-2-343-05191-8, ISBN EBOOK : 978-2-336-36785-9

PROBLÈME (LE) KANTIEN DE L'ÉTHIQUE

Habiter le monde

Gaudet Pascal

La philosophie critique de Kant peut être interprétée comme une éthique, qui signifie non pas seulement l'impératif de la vertu, mais l'exigence d'une réalisation du souverain Bien en l'homme et dans le monde. Ce livre montre comment la recherche d'un passage de la liberté à la nature fonde le projet d'une « habitation » du monde et permet de penser le sens éthique de la philosophie en ses domaines théorique et pratique.

(Coll. Ouverture Philosophique, 12.00 euros, 110 p.)

ISBN : 978-2-343-05328-8, ISBN EBOOK : 978-2-336-36702-6

RACINE (LA) DE LA LIBERTÉ
Urvoy François
À l'issue d'un siècle qui a vu le plus grand écrasement des hommes et des peuples et en ce début qui en prend bien le relais, les préoccupations de liberté ont pris une urgence plus grande et plus sensible. Les investigations obtiennent jusqu'ici des résultats très décevants car elles s'attachent aux moyens externes sans jamais chercher qui et surtout comment on sera en mesure de les produire et de les mettre en œuvre. Il s'agit, ici, de remonter à la racine de la question : ce qui dépend de nous, ce que nous pouvons par nous-mêmes dans un monde qui nous produit et nous conduit.
(Coll. Ouverture Philosophique, 27.00 euros, 258 p.)
ISBN : 978-2-343-03005-0, ISBN EBOOK : 978-2-336-36731-6

SYMBOLIQUE (LE) ET LE TRANSCENDANTAL
Verley Xavier
Ce livre part du différend qui a opposé Frege et Husserl à propos du psychologisme. Comment ces deux pensées tournées vers une réflexion sur l'arithmétique ont-elles pu parvenir à deux conceptions si différentes de la logique ? Il est apparu qu'il s'agissait d'évaluer l'idée de représentation qui est au cœur du problème. Ainsi, faut-il se (re)présenter pour penser ou y a-t-il la place pour une pensée symbolique et aveugle ?
(Coll. Ouverture Philosophique, 30.00 euros, 294 p.)
ISBN : 978-2-343-02833-0, ISBN EBOOK : 978-2-336-36557-2

CRITIQUE ET ÉMANCIPATION
Recherches foucaldiennes sur la culture arabe contemporaine
Beghoura Zouaoui - Préface de Jacques Poulain
Cet ouvrage utilise les pensées de Michel Foucault dans la culture arabe. Il joint à une histoire socio-politique de cette culture une critique qui vise à y établir les conditions d'une émancipation réelle, indépendante de l'actualité brûlante qui semble la rendre aujourd'hui impossible. Cette expérience de critique socio-politique développe en effet les critères d'une émancipation intellectuelle qui conditionne toute émancipation sociale.
(Coll. La philosophie en commun, 17.00 euros, 176 p.)
ISBN : 978-2-343-04092-9, ISBN EBOOK : 978-2-336-36304-2

DU FÉMINISME DANS L'ŒUVRE DE MICHEL FOUCAULT
A demain le bon sexe
Essai
Sastre Danièle
«Le sexe, disait Foucault, ça s'administre, la sexualité, ça se subit ; quant à la sensualité, elle est chaque jour à inventer.» L'auteur a voulu rouvrir le dossier, emprunter les chemins qu'il a tracés en 1976 en écrivant son Histoire de la sexualité, qui est l'histoire des discours sur la sexualité, eux-mêmes histoire des corps investis par le pouvoir.
(27.00 euros, 268 p.)
ISBN : 978-2-343-04763-8, ISBN EBOOK : 978-2-336-36305-9

GASTON BACHELARD, UNE POÉTIQUE DE LA LECTURE
Buse Ionel
L'éthique bachelardienne est une éthique simple, mais pas du tout simpliste : l'homme du théorème est complété par l'homme du poème. Mais, si l'éthique est une direction de la pensée qui doit maîtriser notre avenir, la poétique est la source ontologique de cette pensée. C'est-à-dire la liberté de rêver doit être à l'origine de la liberté créatrice de la pensée ou de l'homme des théorèmes. En fait, il ne s'agit pas d'une éthique fermée dans les modèles artificiels d'une pensée techniciste, mais toujours d'une éthique soutenue, à l'origine, par une poétique de la pensée ouverte.
(Coll. Ouverture Philosophique, 16.50 euros, 160 p.)
ISBN : 978-2-343-04292-3, ISBN EBOOK : 978-2-336-36292-2

HOMME (L') EST-IL UN ANIMAL POLITIQUE ?
Physique de la misanthropie, entre littérature et philosophie
Ainseba Tayeb
Le compartimentage disciplinaire hérité du XIXe siècle pousse à opposer les intentions esthétiques de la littérature au chemin vers la vérité que serait la philosophie. Cette opposition nie la possibilité d'une philosophie littéraire tant que, réduite à un dogme, elle n'est pas critiquée. Ce livre, plutôt que d'opposer la littérature et la philosophie, raconte ce qui les rapproche en prenant un thème qui leur est commun, celui de la misanthropie.
(30.00 euros, 298 p.)
ISBN : 978-2-343-04870-3, ISBN EBOOK : 978-2-336-36346-2

LOGIQUE ET RHÉTORIQUE SELON CHAÏM PERELMAN
ou le jugement partagé – L'éloquence de la raison
Melcer Jean-François
Des trois volets de l'oeuvre de Chaïm Perelman – la philosophie du droit, l'éthique et la logique – le troisième est le moins connu. Les précédents tomes de *L'éloquence de la raison* ont mis l'accent sur les deux premiers. Il s'agit, à présent, d'expliciter les conditions épistémologiques de possibilité de la nouvelle rhétorique, conçue comme logique argumentative, non comme technologie persuasive.
(Coll. Ouverture Philosophique, 31.00 euros, 304 p.)
ISBN : 978-2-343-04209-1, ISBN EBOOK : 978-2-336-36286-1

MERLEAU-PONTY - FREUD ET LES PSYCHANALYSTES
Le Baut Hervé
Le parcours de Maurice Merleau-Ponty ne peut se comprendre sans le fil rouge de la Psychanalyse : dès sa thèse, il restaure le primat de la perception et du corps sexué à la lumière de Freud et de Binswanger. A la Sorbonne, il renouvelle la Psychologie de l'enfant en y intégrant M. Klein, J. Lacan et F. Dolto. Au Collège de France plusieurs cours font des rêves et de la libido une dimension inéluctable de l'humain. De nombreux psychanalystes et psychiatres se sont « laissés interroger par lui « : citons : H. Ey, A. Hesnard, P. Fédida, A. Green, J. Laplanche, J.-B. Pontalis, Luce Irigaray…
(Coll. Ouverture Philosophique, 24.00 euros, 296 p.)
ISBN : 978-2-343-04080-6, ISBN EBOOK : 978-2-336-36381-3

L'HARMATTAN ITALIA
Via Degli Artisti 15; 10124 Torino
harmattan.italia@gmail.com

L'HARMATTAN HONGRIE
Könyvesbolt ; Kossuth L. u. 14-16
1053 Budapest

L'HARMATTAN KINSHASA
185, avenue Nyangwe
Commune de Lingwala
Kinshasa, R.D. Congo
(00243) 998697603 ou (00243) 999229662

L'HARMATTAN CONGO
67, av. E. P. Lumumba
Bât. – Congo Pharmacie (Bib. Nat.)
BP2874 Brazzaville
harmattan.congo@yahoo.fr

L'HARMATTAN GUINÉE
Almamya Rue KA 028, en face
du restaurant Le Cèdre
OKB agency BP 3470 Conakry
(00224) 657 20 85 08 / 664 28 91 96
harmattanguinee@yahoo.fr

L'HARMATTAN MALI
Rue 73, Porte 536, Niamakoro,
Cité Unicef, Bamako
Tél. 00 (223) 20205724 / +(223) 76378082
poudiougopaul@yahoo.fr
pp.harmattan@gmail.com

L'HARMATTAN CAMEROUN
BP 11486
Face à la SNI, immeuble Don Bosco
Yaoundé
(00237) 99 76 61 66
harmattancam@yahoo.fr

L'HARMATTAN CÔTE D'IVOIRE
Résidence Karl / cité des arts
Abidjan-Cocody 03 BP 1588 Abidjan 03
(00225) 05 77 87 31
etien_nda@yahoo.fr

L'HARMATTAN BURKINA
Penou Achille Some
Ouagadougou
(+226) 70 26 88 27

L'HARMATTAN SÉNÉGAL
10 VDN en face Mermoz, après le pont de Fann
BP 45034 Dakar Fann
33 825 98 58 / 33 860 9858
senharmattan@gmail.com / senlibraire@gmail.com
www.harmattansenegal.com

L'HARMATTAN BÉNIN
ISOR-BENIN
01 BP 359 COTONOU-RP
Quartier Gbèdjromèdé,
Rue Agbélenco, Lot 1247 I
Tél : 00 229 21 32 53 79
christian_dablaka123@yahoo.fr

657262 - Juin 2016
Achevé d'imprimer par